湛庐文化 Cheers Publishing
a mindstyle business
与 思 想 有 关

小米之道
互联网预言家看小米

| ［美］克莱·舍基（Clay Shirky）◎著 张琪◎译 |

XIAOMI

LITTLE RICE: SMARTPHONES, XIAOMI, AND THE CHINESE DREAM

浙江人民出版社
ZHEJIANG PEOPLE'S PUBLISHING HOUSE

测试题

对于小米之道，你了解多少？

1. 人种学家扬·奇普切斯通过研究发现，全球不管哪个国家的人都会随身带着三件东西，其中不包括（　）

A. 钱　　B. 钥匙

C. 手机　　D. 笔

2. 小米自创办开始，就把眼光放在了国际市场，它花了（　）买到了 Mi.com 的域名。

A.360 万美元　　B.360 万人民币

C.2 600 万美元　　D.2 600 万欧元

3. MIUI 的更新一般上线的时间是（　）

A. 橙色星期五　　B. 橙色星期三

4. 小米一直都在奉行“先导型用户创新”模式，其具体内涵是（　）

A. 由发烧级用户对产品提意见，小米迅速在更新中修改

B. 由一批用户先行使用，然后他们向其他用户推荐

5. 小米手机进入的第一个海外市场是（　）

A. 新加坡　　B. 印度

6. 著名互联网观察家凯文·凯利，用（　　）来衡量一个地区的技术发展水平。

A. 金属使用量　　B. 手机普及率

7.（多选）（　　）方面的原因，给中国经济安装了奇怪的弹簧，使得趋势在中国通常出现得晚，但推进的速度却比其他地方快。

A. 起点低　　B. 基础设施落后

C. 人口数量庞大　　D. 出口经济发达

8.（多选）小米的估值，取决于三方面的因素，它们是（　　）

A. 借助硬件而推出的各种收费性服务　　B. 小米生态链

C. 小米的国际化步伐　　D. 小米手机的单价

想了解小米为什么会崛起以及小米的未来在哪里吗？
扫码下载“湛庐阅读”APP，“扫一扫”本书封底条形码，
获得测试题答案及其他丰富内容。

Xiaomi

推荐序 1

什么是小米跟苹果正面撕的底气?

金错刀

科技商业观察家，BSI 爆品战略研究中心创始人

在我的书单里，互联网预言家克莱·舍基的经典著作《认知盈余》绝对能进 Top3。

认知盈余是所有互联网商业模式的一大基础理论，我用一句话总结为：下班时间产生的革命性力量。

实在没想到，克莱·舍基竟然把目光瞄准了中国的小米，甚至出了一本不太厚的书：《小米之道》。

互联网预言家眼中的小米，第一印象来自于

2015 年他在上海购买手机的经历。当时，他被 Mi3 震惊了，而且买了一部 Mi3。

克莱・舍基看小米，跟我们的解读维度完全不同，他会拿小米跟苹果手机直接对比。他说：与卖 500 多美元的 iPhone 相比，Mi3 的价格非常低，而且它还很漂亮。

克莱・舍基对中国制造的颠覆性印象，是从小米开始的，让他最惊讶的一点是“漂亮”。因为，几十年来，对中国制造的指责不绝于耳，老外认为：他们只会大量复制，却不会设计新产品。

事实上，自克莱・舍基第一次购买小米的几年后，小米已经开始跟苹果 iPhone 正面撕了。小米开创了全面屏这个品类，甚至引发苹果的跟进，而小米 MIX2 跟 iPhoneX 更是正面开撕。

21 世纪到底该怎么做生意？

什么是旧模式跟新模式最大的区别？

我用一句话描述克莱・舍基写《小米之道》的

核心，就是：北京的小米跟加利福尼亚的苹果正面撕的底气到底在哪?

小米模式的本质，用雷军的话说，就是：硬件 + 互联网 + 新零售。

这个模式跟苹果是非常类似的，苹果在硬件、互联网、新零售上都是高手。

小米能跟苹果正面撕，真正的底气，克莱·舍基在书中有描述，但没有那么清晰，我梳理下，有三个。

品牌的竞争 VS 流量的竞争

乔布斯认为，品牌仅次于技术。他有一个品牌秘方：革命性技术与营销的结合才是苹果成功的关键。

苹果能卖出这么高的溢价，最重要一招就是品牌效应，而且是爆品级的品牌效应。我称之为：爆品 + 品牌。

很多跟苹果正面撕的公司，后来都败下阵来，一个重要的原因就是它们采取了类似的模式。

如果拿小米跟苹果对比，两者在模式上最大的不同，是小米采取了另外的模式：爆品 + 生态链流量。

这其中有两大核心：一是互联网入口级流量，这个要靠高频的行为，核心是 MIUI。围绕着 MIUI，还有金融、互娱、影业、云服务、大数据，这都是高频的入口级流量。二是组合低频流量，把它形成大规模的流量旋风。小米最核心的产品是手机，用户购买是低频行为，如果小米网和小米之家只卖手机，这是很痛苦的。无论线上线下，你不可能让用户经常买手机，否则流量成本太高、效率太低是难以为继的。怎么办？只有靠扩充品类，完善丰富产品组合，形成大规模的流量。

英雄式设计 VS 民主设计

小米跟苹果正面撕的另外一个核心是产品设计理念。

苹果跟小米都是非常重视用户的。但是，小米把用户参与感上升到了战略和价值观的高度。

苹果的创新是靠英雄驱动的，比如乔布斯、设计大拿艾维。有个极端的例子，1980 年的一天，乔布斯带着一本电话簿走进一场设计会议，并把电话簿扔在桌子上，说："那是麦金塔能够做的最大尺寸，绝对不能更大。如果再大，消费者会受不了。"当时，场内的人都傻了，这本电话簿只是过去出现过的电脑的一半大小。

小米则是更极致的铁杆粉丝模式，克莱·舍基称之为"先导型用户创新"。在很多领域，像发烧粉这样的最深度用户通常非常了解产品，甚至甚于设计者自己，他们对产品的修改和调整也经常被添加到产品标准当中。

乔布斯最喜欢福特说过的一句话：你问顾客想要一个什么样的更好的交通工具，用户说，想要一匹更快的马。

不过，随着移动互联网的发展，大规模用户的连接，以及他们革命性的认知盈余，再不能用这句话来描述用户了。

在小米论坛上，大量的产品设计是需要用户参与调研的，很多答案都是最佳用户体验的答案。

小米也请英雄式的设计师参与，比如设计大师斯塔克，但背后共通的理念是“民主设计”。

贪婪 VS 克制贪婪

这是小米跟苹果最大的不同。

也是很多新模式公司跟传统模式公司最大的不同。

苹果是做感动人心的产品，卖比较贵的价格。小米是做感动人心的产品，卖很厚道的价格。

小米 MIX 概念机刚出的时候，很多内部人都建议定价 9 999 元，后来雷军还是定价 3 999 元。

我曾经简单总结过内部版的“小米之道”：

- 第一条是“以用户为中心”。坚持“真诚＋热爱”，一切纷至沓来。难度系数★★★。

- 第二条是“只做感动人心、价格厚道的产品”。难度系数★★★☆。
- 第三条是“要么不干,干就干到极致”。难度系数★★★★。
- 第四条是“克制贪婪,用户才会产生强信任。”难度系数★★★★★。

“克制贪婪”是最难的,也是竞争对手最难学习的。

什么叫克制贪婪?就是少赚一点,就是大幅砍加价率,控制毛利率。比如,能不能把毛利率控制在 20%,把利润率控制在 5%。

为什么要克制贪婪,这也是小米模式的核心,就是获取用户的强信任。

当然,克制贪婪,也是因为小米有大量的软件作为后台,可以作为盈利点。

克莱·舍基认为:旧模式从硬件开始,依靠实体店出售单品,没有用户参与。当然,未来仍会有部分产品沿着这种模式被制造和销售。不过,当有

“芯”的产品开始越来越广地扩展到所有产业时，它们都完全可以先从服务开始，在线上出售。

他甚至预测：在任何需要设计、最终产品可以联网的低端市场，小米模式都可以使用！

小米标志着“先导型用户创新”作为有趣的边缘策略的终结，将逐渐成为主流。

不知道旧模式是何时结束的，但现在它确实消失了。

乔布斯说过一句话：“总回头看，你会被灭的！”

放在这本书里，很形象！

Xiaomi

推荐序 2

突破盲点，把握小米的成功之道

刘润

润米咨询创始人，《刘润·5 分钟商学院》创始人，前微软战略合作总监

能为这本《小米之道》作序，我是很荣幸的；能为克莱·舍基的书作序，尤其荣幸。

克莱·舍基的书《人人时代》《认知盈余》，我都读过。我自己很受启发，也专门在我的“得到 APP”专栏《刘润·5 分钟商学院》中向 13 万付费学员隆重推荐过。在这份荐书清单里，克莱·舍基也是唯一一位让我没忍住推荐了两本书的作者。

不过，看到这本克莱·舍基写的《小米之道》，我还是很震惊的。一个外国人用英文写的、关于中国互联网公司的书，在海外出版，再翻译成中文，用引进版的方式介绍给中国读者，很让我有点外国人教中国人打麻将的感觉。

我自己和小米有很密切的关系。2015 年，在小米官方的授权下，我对小米进行了深入的研究和访谈，写了一本《互联网＋：小米案例版》，并一直跟踪小米的发展，常常发表关于小米的文章。

这本书激起了我很大的兴趣，我也想看看，一个外国人，一位真正的互联网预言家，是怎么看小米的。透过他的眼睛看小米，一定会有非常有趣的观察。

我抱着这个心态，很快看完了《小米之道》的中文版样书。果然透过克莱·舍基的眼睛，找到了中国人看中国人的盲点。

比如，克莱·舍基说:“所有人看到这款手机（Mi1），都会在头脑中浮现出一个相同的想法，‘一般般，而且MIUI运行得也不太顺畅。’当时MIUI内核的安卓仍然不能与苹果并驾齐驱。然而，考虑到Mi1的价格，它就没必要比苹果好了。它只需要比其他安卓手机稍微好一点，尤其是三星。”

看到这一段时，我大吃一惊。原来一个外国人是这么看Mi1的。当时让米粉们狂热的MIUI，在他看来，“没必要比苹果好”。很有意思。显然，如果Mi1是在美国，这个苹果手机重镇发布，可以想象，效果可能完全和中国不一样。小米，至少是Mi1，可能真是一个在中国才能做成的产品。此后，小米手机在保持性能和系统体验的口碑之后，工艺、设计方面的进步也让作者在书中惊叹不已，夸起小米来甚至比国内的观察者更狠。

再比如，克莱·舍基说:“中国银行体系与世界之间的鸿沟是出了名的，任何一个尝试在高级酒店之外使用信用卡的人都会迅速发现这一点。中国网站投入巨资所获得的线上交易专长和语言一样，都难以移植。类似地，中国在知识产权方面的宽松执法意味着，在拓展海外市场时，企业不仅面临着全然不同的市场环境，也没有了一系列政府性保护。”

看到这一段时，我深深点头。是的，在微软工作了近 14 年的我，非常理解知识产权的中外差异。克莱·舍基站在一个外国人的角度，判断中国产品出海会面临的最大挑战，是从宽松的知识产权环境，走向严厉的知识产权环境。这不仅是小米要面对的，更是所有出海企业都要面对的。

不过，他说“中国银行体系和世界之间的鸿沟是出了名的”，我还真不知道。我从来没觉得中国信用卡在国外不好用，但是原来外国人是这么看我们的。这一点要记住，并且在需要的时候，密切关注。不过近年来小米在海外开拓市场的成功也提供了全新的案例，细细研究就能看到全球市场涌动的新风潮。

总之，作为一个对小米、对中国互联网比较了解的人，读克莱·舍基的《小米之道》，给了我一个非常不一样的视角。他眼中的小米，也许和你我眼中的小米，并不完全一样。透过他的眼睛看小米，其实我们也是在看他眼睛背后的那个世界。

感谢克莱·舍基写了这本书，让世界了解中国互联网，也让我们了解世界。

Xiaomi

目 录

Xiaomi

小米之道

M 01

新入口，
移动互联时代的智能手机

克莱·舍基

Xiaomi

视点

- 很少有什么东西能让 18 岁的年轻人觉得一个中年男人很时髦，但小米做到了。

- 只有三件个人物品是不管哪个国家的人都会随时带在身上的。前两种是钱和钥匙，并且在以往的 3 000 年里，只有这两种。直到不久前手机这个人类最新发明的加入，才打破了这种局面。

Viewpoint

Xiaomi

>>>

几年前，我在纽约大学的上海校区工作期间，曾经在地铁站迷失了方向。除了上海这个人口是纽约 3 倍的城市，很难有什么事情能让我这个纽约人表现得像一个乡巴佬。虽然上海的地铁通常都会配有非常到位的英文指路标志，可我还是下错了站。我并没有及时意识到这一点，因为这个站和我本来要下的那一站一样，出口都设在一个商场里面。在上海，这样的商场太多了，而且每个看起来都很像。2015 年，上海计划修建的零售场所面积达 335 万平方米。

晕头转向地走在数不清的过道和店铺中间，我只好如那些把商场弄成迷宫的建造者所愿：放慢脚步，四处逛逛。我注意到一个卖手机的柜台，当时我正缺手机。一部纯黑色、弧形侧边、样式前卫的漂亮手机吸引了我的目光，上面的 logo 是“Mi3”。我的第一感觉是，Mi3 应该不逊于其他好手机，于是，卖家和我开始在路人好奇的眼光中互相比划。在只有钱是共通语言的交易中，常常只能如此，10 分钟后，我拥有了这部手机。

爆品法则，小米掀起“时尚旋风”

很少有什么东西能让 18 岁的年轻人觉得一个中年男人很时髦，但这部手机做到了。接下来待在校园的 7 天里，每当我掏出手机，我的中国学生们就会问：“你在哪儿买到的？”他们没有问：“你用的是什么手机？”因为所有人都能认出它。Mi3 是小米公司当时最成功的产品，这家初创企业的出货速度已经跟不上市场需求了。很多人还在如饥似渴地苦苦等待时，我竟然用上了这样一部炙手可热的产品，这让我一时成了年轻人羡慕的对象。无论是在这件事之前还是之后，这样的感觉可不常有。

在很多西方人的头脑中，小米这样的公司是不存在的：它的产品不仅是“中国制造”，还是“中国设计”，而且，设计得如此漂亮！几十年来，对中国制造的指摘不绝于耳：“绝对的，他们只会大量复制，却不会设计新产品。”然而，在改革开放以来的 40 年中，中国的制造业已逐渐掌握了精细产品的复杂采购流程和组装技术，尤其是电子产品。尽管 iPhone 包装盒上印着“加利福尼亚设计”（Designed in California）的字句，但都是在深圳被生产出来的。

显然，对于那些目睹了这一过程的人而言，问题已经变成“中国设计何时能赶上西方”。Mi3 无疑给出了清晰的答案，至少就电子产品来说，这个时间是“2013 年”。它的质量一流，2 000 元人民币

（当时约合 330 美元）的售价并不算很高。虽然这比大多数智能手机贵，却比配置差不多的三星手机便宜，后者定价在 400 美元左右。与卖 500 多美元的 iPhone 相比，Mi3 的价格非常低，而且它还很漂亮。

对于所有的智能手机而言，其外观看起来都大同小异，只是一块黑色玻璃屏幕加机身上的三四个按钮，所谓的手机设计就是对这些微小元素进行排列组合。Mi3 的设计采取了极简风格，其机身很薄，极大的屏占比让它看起来更薄。另外，小米之前的型号都在追求的、在 Mi3 身上表现得最显著的一点是，屏幕四周的黑边都设计得很窄，使边框和屏幕看上去浑然一体。这是小米的“伎俩”：廉价手机当然做不到让边框与屏幕在同一平面。不过，这种“伎俩”很奏效，更重要的是，它说明小米的员工非常认真地思考过，一部好手机究竟应该长什么样。

新风口，钱、钥匙与手机

在人类的发明当中，只有极少数物品会变得像人体的一部分一样而被人们忽略，然而，如果没有它，我们的生活又将变得难以想象。手机就是这样的物品之一，它已成为全世界成年人和大部分孩子的必备生活用具。从自拍到商业谈判，越来越多的全球通信都在手机上进行。人种学者扬·奇普切斯（Jan Chipchase）研究了手机在全球的使用情况，他指出，只有三件个人物品是不管哪个国家的人都会随时带在身上的。前两种是钱和钥匙，并且在以往的 3 000 年里，只有这两种。直到不久前手机这个人类最新发明的加入，才打破了这种局面。

自 20 世纪 70 年代末在日本出现以来，手机已成为普及速度最快的消费类硬件产品，比汽车、固定电话甚至电视机都要快。因为不需要布设入户线路，设备成本也由消费者承担，移动电话业务因此比固定电话便宜，并让以往毫无联系的人相互连接。

美国青少年一直声称无法离开手机而生活，但这种表达其实在发展中国家更名副其实。通过手机获得的信息会对那里的生活质量产生更广泛的影响：肯尼亚渔民利用手机获知去哪儿可以卖掉鱼；印度的家长们利用手机寻找其他城镇的医生，等等。移动电话是对固定电话的“重大”发展，但相对于没有电话的人群而言，它意味着“跳跃式”进步。

透过一个极为笼统的概念“手机普及率”（tele-density），我们发现，这种戏剧性的改变已是全球现象。2014 年，手机用户的人数已经超过 45 亿，由于双卡模式的存在，手机号码的数字实际上已超过了世界人口的总数。在撒哈拉以南非洲地区，2014 年的手机普及率约为 66%，即每 3 人中就有 2 个手机号码。在这个区域，通信网络的覆盖程度已经超过电网，以至于一些小公司干脆干起了用汽车电池为其他人的手机充电的生意。

高负债国（HIPC）和极度贫困人群的手机渗透

率达到了 58%，这一水平仅略低于联合国成员国和尚未到达贫困线的人群。这意味着每 5 个人有 3 个手机号码，要知道在这些国家，经济仅仅只能勉强维持运转。同时，那些手机普及率最低的国家，并不是经济水平低下造成的，而是由于其他的原因。朝鲜、缅甸、厄立特里亚和古巴是仅有的人口众多、手机使用率却低于 25% 的国家。除了这些国家，手机几乎都已得到了迅速普及。

散布在全球各地的手机必然是由某个地方生产出来的，而那个最大的产地就是中国，就像很多其他商品一样。在中国制造的产品中，一部分因为文化特异性而不适合出口，例如国际消费者对毛笔的总体需求就未必如想象中那么大。另外一些则是全球通用的，没有哪个国家需要特别定制 5 毫米的螺钉或 Hello Kitty 铅笔。在中国特有商品和世界性通用商品之间，还有一些是两种皆可的，它们最初的目标是中国市场，但也成功出口到了别的国家。手机就属于后者。

大多数手机都是由中国制造的，当然，其中一些是为中国而制造，包括被称为“山寨”的廉价仿制品。“山寨”的中文本意是自给自足的小山村，在这里则是指廉价、质量粗劣、不看重专利和品牌的产品。有些仅仅是便宜，功能简单；也有一些看上去，至少从远处看很像某些高端手机。在上海广东路的露天电子市场，可以找到数十款这样的仿制品。三星手机是最受青睐的被模仿对象之一。以它为原型的山寨手机往往打着“San Song”或“Svmsmvg”字样的 logo，主要在中国国内销售。不管是“San Song”还是“Svmsmvg”，都不可能在中国以外的地区大量销售。廉价手机的营销噱头往往与当地的具体情况紧密相关，几年前在肯尼亚就出现过一种“奥巴马”牌手机，但这种策略并不是对所有市场都有效。

言归正传，这里有大量专门针对东亚人群的喜好而设计的手机。在这个发明了“自拍杆”的市场上，有一家名为 OPPO 的手机厂商，其产品的主要卖点包括高品质摄像头和可以自动美化照片中人物脸部画面的定制软件。它的产品广告女性味道十足，按下快门后，软件会推测照片中的人物性别。用它拍照，所有人都有光滑的皮肤，但只有女士唇部的红色会被深化。OPPO 虽然在中国台湾和韩国市场获得了成功，但在东亚之外的市场则表现平平，在美国的发布甚至是失败的。

换言之，一直以来，中国手机和其他出口商品一样，都是尽可能压低生产成本，依靠低廉的价格大量销往较贫穷的国家。与此同时，以全球富人为目标用户的高端产品则由其他地区来设计，比如首尔或圣何塞。苹果标榜的就是这种模式，从一开始就将“加利福尼亚设计”印在其包装上。自 19 世纪初英国将中国南方变成自己的工厂以来，这种“别处设计，此处制造”的模式已成定式。不过，现在的情况已发生了改变。大量中国企业开始将所有环节搬到国内，努力让“中国设计”意味着“优质”，而不仅仅是“山寨”。这种路径在20世纪70年代由索尼采用，该公司的创建者决定不让“日本制造”继续成为一种羞辱。在这些以设计为导向的新型企业中，最成功也因此成为全球最重要手机制造商之一的，就是小米。**小米是第一家能够在全球竞争中崭露头角的中国手机厂商，它依靠的不仅是价格实惠，还有设计与服务的创新。**

小米全称是小米科技，但所有人都只喊小米，这与苹果的情况差不多。当年，苹果的全称其实是苹果电脑公司。将二者放在一起比较，是关心这家公司的人一直在讨论的话题，这也恰恰是小米创始人的痛点所在。小米是一种谷物的名字，英文直译是“Xiaomi”。小米所有产品系列的命名都遵从着粮食概念，其低端产品线被称为“红米”，英文是“red rice”。小米是低价粮食，当年中国的革命口号就是“小米加步枪”，它表明当时军队的饮食装备非常简陋。

2010 年，雷军在北京创建了小米。这位计算机科学家和富有个人魅力的创业老兵当时已 40 多岁了，但他仅用 5 年就取得了巨大成功，这从迅速蹿升的销售数字上可见一斑。在这么短的时间里，小米就击败三星，从一个专注于设计手机操作界面的公司，发展成全球最大手机市场的巨头之一。产品在中国市场所受到的热捧，还让它成为继阿里巴巴和京东之后的第三大电商企业，仅靠销售自己的产品，它就超过了亚马逊中国。

随着这家公司日益将目光投放到国际市场，其名字的缺陷开始体现出来。以英语为日常用语的人在朗读以字母 X 开头的单词时，都会感到很别扭，所以小米开始突出 Mi 作为其品牌形象。为此，它花 360 万美元购买了 Mi.com 的域名，这可是中国互联网产业史上最贵的域名之一。早期投资者刘芹回想起这次交易时不禁皱眉，他此前一直支持用小米这个名字，但这却成了小米在进军国际市场过程中所犯的为数不多的错误之一。小米认为“Mi”可以指“me”，英文意为“我”、手机界面（mobile interface）以及“不可能的任务”（Mission Impossible）。小米手机的发烧友被称为“米粉”，英文为“Mi Fans”。从小说《洛丽塔》（*Humbert Humbert was chasing Quilty*）开始，这种一语双关的文字游戏就大行其道。

2014 年 11 月 11 日，“双十一”购物节成为席卷全球的最大在线购物节。当天，商业模式类似于 eBay 但规模要大得多的淘宝，卖出了大约 190 万部手机，其中将近 120 万部是小米。同一年，每 8 部在中国被激活的安卓手机中就有 5 部小米。2015 年，小米公司推出了“平板手机”（phablet，业界用这个蹩脚词汇来形容介于手机和平板电脑之间的产品）小米 Note，定价 2 300 元（442 美元），比三星 S5 要低，后者价格为 600 美元。这款产品在开售第一天的前 3 分钟就宣告售罄。小米在其 2010 年的第一轮融资中融得 4 100 万美元，而到 2014 年快结束的时候，这家不满 5 岁的公司估值已达 450 亿美元。从某些角度来看，小米已是史上最具价值的创业公司。

一部手机就是一面透镜，帮助人们更好地看清现代中国的重要性和矛盾性。《经济学人》杂志每年都会计算巨无霸汉堡在不同国家的售价，以此来比较这些国家货币的相对强弱。“巨无霸指数”的理论依据在于，这样一个简单商品身上集合了一系列产品和服务，它可以反映出黄油、牛肉的成本，工资和税收成本，甚至房租、电费和安保的成本。我们所看到的往往只是一个复杂程序链条的终点，而这个链条包括采购、生产和销售等一系列的活动。

这只是一个汉堡，你可以依相同的思路想象一下有多少个链条才能汇聚成一部手机。硬件和软件、操作系统和应用，100 多种部件的“性价比”组合，复杂到难以想象的国际分工链条，这些还只是构成了生产环节。随后还要进行推广、运输，在几十甚至几百个国家中销售，安装从约会软件到媒体工具等各种日益重要的应用程序;（用户）对自由的需求和（政府）对管制的需求也会产生冲突。同是由一系列产品和服务组合成的单一物件，智能手机比巨无霸汉堡的复杂程度高出 1 000 倍。汉堡显示了全球经济的某些信息；手机不仅如此，还传达了很多地缘政治信息。

>>> 小米之道

小米崛起的双重风口

新国货趋势

手机作为一种体现个性的产品。存在着炫耀和实用这两方面的属性。围绕着这两种属性，分别形成了两种不同的商业形态。第一种模式的核心是设计，第二种模式的核心是价格。在市场竞争的压力下，第一种模式和第二种模式之间无法覆盖的空白区域会变得越来越大。随着中国经济的发展，中产阶级的规模越来越大，他们要求产品在便宜、实用的同时，同样要求手机能凸显自身的身份。小米正是以此为基础，成功地推出了小米手机等爆品，制造了一种流行时尚。

物联网趋势

物联网的突飞猛进，使得手机逐渐演化为了人类身体的一部分。对于这个大趋势，雷军很早就意识到了，并开始在内心中规划起利用这一风口的方式。尽管是从操作系统切入，但小米没有像微软那样，选择和其他手机厂商合作，直接获取利润，而是以 MIUI 为切入点，介入到了手机的制造。这一点突显了小米的眼光和抱负，也为小米生态链奠定了一个牢固的基础。

Xiaomi

小米之道

M02

设计意识，
小米崛起的经营逻辑

<<<

克莱·舍基

Xiaomi

视点

- 发烧粉这样的深度用户通常非常了解产品，甚至甚于设计者自己，他们对产品的修改和调整也经常被添加到产品标准当中。

- 普通中国人的可支配收入仍然有限，所以对高科技产品的需求也相对滞后。然而，一旦需求出现，就会呈现出快速增长的态势。

Viewpoint

Xiaomi

»»

虽然硬件方面很出色，但小米本质上是一家软件公司。它的 CEO 和所有创始成员都来自软件行业。而小米的第一个产品，也是创立第一年的唯一产品，是一款手机操作系统。MIUI 是小米用户界面（Mi User Interface）的缩写，发音是别有用意的“米 UI”，与英语中的“我－你－我”（Me-You-I）相谐。它是安卓的一个本地化版本。安卓是谷歌基于 Linux 开发的手机操作系统，今天已为全球大多数手机所采用。唯一可与之匹敌的主流操作系统是苹果手机的系统，而安卓手机的全球出货量是苹果手机的 3 倍。安卓操作系统免费且允许修改，其主要开发者谷歌通过这种方式参与智能手机行业，但有一定条件，如在搭载这种系统的手机上提供谷歌的其他软件。

痛点，被操作系统拖累的潜能

自安卓面世以来，对它的修改大多停留在界面风格上。谷歌 Nexus 和三星 Galaxy，除了背景和按钮不同，应用和功能体验没有太大区别。极少数重视设计的公司把主要精力放在改善硬件方面，软件定制则交给用户自己，通过选装应用的方式实现。MIUI 的特别之处在于，小米在生产自己的手机之前，就着手让系统性能优于竞争对手。在小米创立后的第一年，它的用户只是一些有兴趣下载 MIUI 来替换手机自带安卓系统的人。这些用户比较前卫而且懂技术，小米密切留意他们的需求和使用手机的方式。

某些改进仅仅是对原有性能的优化。小米特别关注 MIUI 在三星手机上的良好运行。虽然人们经常把小米与苹果相比，但实际上它的产品线和中端定位更接近三星手机。到 2011 年，MIUI 的界面和反应速度都已经超过了三星自己的安卓版本，更重要的是，它耗电更慢。耗电速度一直是智能手机使用体验中最大的槽点。小米希望利用早期用户进行测试并取得反馈，当然，还包括传播用户体验。

比如，2011 年有人在 Twitter 上说："我在 Google Nexus N1 上安装了 MIUI，它就像新鲜空气，感觉很好。""我刚刚装了 MIUI，手机马上就比以前好用了。"这种把用户作为反馈源和业余推销员的做法一直延续至今。**前谷歌安卓产品管理副总裁、2013 年加入小米负责国际拓展的雨果·巴拉（Hugo Barra）声称，小米几乎没有在传统广告上花钱，而是让媒体大量报道其产品发布会，帮助用户以小米的名义"传教"。**

小米最擅长的正是这一点。小米市场部总监魏来带我参观了这家公司的办公室，并专门介绍了负责广告的部门。这些员工当中没有平面设计师、摄影师，都是程序员。为了体现自身在软件方面的独特优势，小米亲自设计了自己的工具，来与用户互动，并帮助用户与别人互动。**几乎没有其他公司像小米这样做通盘的考虑，即使是最微不足道的举措也会提供平台以帮助用户互动。**每次升级好 MIUI 新版本后，用户屏幕上都会出现选项，帮助他们把系统升级的消息发送到新浪微博上。

每一个人都知道，如果产品不好，任何营销手段都没用。不过，在开始的时候，产品不一定要非常完美，而只需要比其他安卓手机好一点。随着时间过去，小米开始添加一些普通安卓手机没有的功能：更好的笔记本软件、音乐订阅服务、云备份服务、独特的防推销电话工具以及迎合亚洲用户偏好的高度定制化主题。相对于美国，手机在中国是更为私人性的物品，手机外壳和屏幕都是主人个性的高度体现。

MIUI 没有所谓“撒手锏功能”，MIUI 用户所能做的，其他智能手机用户也都能做到。**让早期的 MIUI 用户与别人不同的是三件事。其中两件非常实际：不用升级硬件就能带来更好的体验；小米对用户的反馈异常重视。**甚至在发布其第一款手机之前，小米就主动要求深度用户每周提供对 MIUI 的测评，直至今天。

随着用户数量从最初的 100 到现在的 100 万，小米开始将他们分为两类：最关注新功能的极客级“发烧”粉，和喜欢小米产品但不会提供细节反馈的“消费电子爱好者”（flood）。发烧粉能够在产品和服务的测试阶段就使用，并给出建议。一些最有价值的发烧粉还会得到顾问酬劳。消费电子爱好者只是每周五定时更新系统，然后到小米社区写写评论。他们的意见一般没有技术性。但无数的消费电子爱好者活跃在小米论坛和社交媒体上，讨论着小米，不管对于研究还是营销而言，这都是很重要的。

反过来，小米也在持续地建设线上社区，创造全国性的“爆米花”粉丝活动，建设各地小米社群，甚至把电子市场里假冒小米手机的图片放在上面提醒消费者。

铁杆粉丝，“先导型用户创新”的最佳实践

麻省理工学院经济学家埃里克·冯·希贝尔（Eric von Hippel）把这种用户参与称为“先导型用户创新”（lead user innovation）。在烹调、登山和工业机器人等很多领域，像发烧粉这样的最深度用户通常非常了解产品，甚至甚于设计者自己，他们对产品的修改和调整也经常被添加到产品标准当中。太阳微系统公司的创始人之一比尔·乔伊（Bill Joy）曾经说过：“不管谁，总是聪明人为普通人工作。”“先导型用户创新”是引入外部智慧的一种途径，小米将这种方式带入手机领域。雷军曾经估计，MIUI 有 1/3 左右的功能是应用户要求而生的，他也经常感谢用户对 MIUI 设计的参与。

小米的第三个成功之处是对用户的特点观察极为敏锐，这一点很像苹果、哈雷－戴维森和全球最大的户外用品连锁零售商 REI 等公司。做到这三件事中的任何两件，都能成就一个好产品。然而，想获得能取得巨大成功的产品，仅凭这些显然是不够的。小米要让自己的产品在这个拥挤、成本敏感的市场上显得与众不同，就需要同时提供更好的使用体验、对用户反应敏捷，并对他们选择 MIUI 给予回报。

在没有硬件产品的情况下，小米已经通过向用户提供新选择而迅速发展起来。它的计划很简单：用户可以安装 MIUI 来获得改进和定制的机会，一旦他们下载系统，这些操作系统的提供者就牢牢把握住了互联网的入口。受日本 NTT 公司和韩国 SK 电信的启发，小米甚至发明了自己的货币——小米币（Xiaomi Credits），小米手机的用户可以用它购买音乐和个性主题等。1 小米币等于 1 元，但就像拉斯维加斯的赌场里的筹码一样，人们花起“小米币”来更不心疼。最近,小米又发布了小米金融（Mi Finance），一个类似 PayPal 的小米用户支付系统，从而又多了一个从小米手机用户那里赚钱的渠道。

因此，小米既是中国科技行业从产品向服务转型进程的受益者，也是驱动者。雷军明白，中国正处于过渡时期，手机用户的数量将远远超过台式电脑和笔记本电脑的使用者，手机将成为新型服务业的主要战场。雷军 1992 年加入了在香港注册的金山软件，担任工程师，自此一直从事软件行业。他仅用 6 年就做到了金山的 CEO。他一边做 CEO，一边还参与了很多其他项目。2007 年，在经历了 4 次失败后，金山公司终于成功上市，而就在这个时候，他辞职离开了。随后的两年中，他主要是作为投资者在活动，是多家互联网企业的董事会成员，其中就包括主打手机浏览器的 UCWeb 公司。这家公司让雷军意识到了移动互联网的兴起。到 2010 年时，他开始筹划创立一家新公司。

和其他产业一样，中国互联网产业从微不足道到发展壮大是在匆忙中实现的。这种情况造成的结果就是，大型互联网企业的领导者们不仅互相了解，而且在业务上也从 20 世纪 90 年代开始就一直有往来。以雷军为例，中国最重要的社交媒体公司、微信的所有者腾讯就投资过金山；亚马逊、eBay 和 PayPal 合体，电商巨头阿里巴巴收购了 UCWeb；中国最大的搜索引擎、拥有类似维基百科产品的百度，与小米联合投资了金山软件的子公司猎豹。雷军的人脉和业界经验意味着不管他想做什么，都能找到资金。唯一的问题是做什么。

较早和雷军聊这件事的是上海人刘芹，他是来自晨兴创投的投资人，并在很早的时候就投资过 UCWeb。雷军知道，中国互联网经济必定会迈向以移动互联网为主的新时代，而实现这一点的前提条件是智能手机的大面积普及。苹果手机已经在 2007 年获得了巨大成功，但它开创的“触屏 / 应用商店”

模式直到后来才进入中国。手机比电脑的限制更多：屏幕更小，网速更慢，使用者更没耐心。**致力于改善手机使用体验的企业，如果能同时提供付费业务，比如下载、游戏、存储等，就一定能获得可观收益。**雷军给刘芹打电话交流了这些想法，而且说自己已经做到了。刘芹说自己是在晚上 9 点接到电话的，随后两人便开始罗列智能电话生态系统将给中国和世界带来的机会。虽然直到 2014 年外界还较少知道小米，它却从一开始就将野心放在全球。电话一直打到第二天上午 9 点，整个晚上的交流已经帮助他们理清了商业模式和启动战略。顺理成章，刘芹成了小米的首轮投资者之一。

用户，陡峭的需求曲线

雷军的战略是创立一家公司，这家公司必须能够深刻理解一件事，那就是，虽然当时在中国手机大部分情况下仅限于打电话和发短信，但很快这个市场就会迎来一场智能手机的革命。小米，为此而生。中国市场上的手机常常只有简化版本，而且传统观念认为，还不够富裕且节俭的中国人，将继续倾向于简单的直板手机和 IP 电话，而不是华丽昂贵的智能手机。直到 2009 年，诺基亚手机仍然占据着 2/3 的中国市场，这家在富裕国家已经衰落的企业，仍然把赌注押在这样的想法上：在发展中国家，智能手机将仍然是一种奢侈品。很多中国媒介的研究者，注意到农民工群体开始谈论省钱买智能手机。他们将这种变化告诉了诺基亚，可惜诺基亚不相信消费者偏好会变得这么快。最后，这个赌注被证明是一场灾难。

普通中国人的可支配收入仍然有限，所以对高科技产品的需求也相对滞后。然而，一旦需求出现，就会呈现快速增长的态势。直到最近，中国经济的增速一直保持在 10% 左右，使得整个经济体的规模在不到 10 年的时间里翻了一番。2010 年时，诺基亚仍然是大多数中国人的选择，然而到了 2011 年，它的市场份额已经减少了 3/4，流失的部分几乎全被智能手机占据了。**中国人的可支配收入在不断增加，尤其是城市和沿海地区。与此同时电子产品的成本都在普遍降低，这意味着一旦中国市场发生变化，这个变化就会在一夜之间完成。**到 2012 年，智能手机已经占据了中国手机市场份额的 3/4，而仅仅在 3 年前，这块江山还是属于诺基亚的。在这些智能手机当中，大部分搭载的是亚洲厂商比较青睐的安卓系统。数以千万计的人在两年的时间里把自己的诺基亚功能机换成了智能手机。

小米并没有立即利用这种改变来推出新手机，它最初的产品是软件。雷军明白好的智能手机都很贵，便宜没好货。那些比底端产品强一点，同时比三星便宜一点的产品，只不过是选择了质量稍好的部件，却也因此削薄了利润。这样的事情任何公司都能做，但竞争优势只是暂时的。实际上，正是这种低利润决定了手机市场的残酷性。如果你能创建一家公司，推出设计出色、使用方便而又比竞争对手便宜的手机，你就能获得长期优势。当然，说总是比做容易，但小米有自己的计划，从 MIUI 身上就可略见端倪。

任何供凡人使用的“复杂”科技，都要被做得尽量简单，“复杂”则要消弭于无形。手机行业对“易用”的迷恋意味着，任何需要用户去“动动手”的产品，都是失败的设计。然而，如果一件复杂产品必须看上去简单，其“简单性”就要集中体现在用户能够接触到的那部分。界面，这个交汇点，成为对设计的最核心挑战。**雷军清楚，想要卖一件复杂产品给普通人，界面就是产品的全部。**用几个简单的使用动作，例如点、翻、拖，进行丰富的互动，例如发送文字、购买电影票、玩消消乐的游戏，就是用户使用手机要做的事。

虽然雷军是小米的领导者和代言人，是小米员工心目中的“1 号产品经理”，但这家公司从早期开始就依赖于多元化的人才团队。互联网创业企业的经典画面是“两个人在车库里”，但小米是由雷军和多个联合创始人共同建立的，包括谷歌前全球工程总监林斌、微软中国工程院前开发总监黄江吉。谷歌和微软已经成了中国互联网企业高管的“黄埔军校”。创立仅仅几年间，小米扩充了产品线，开始生产小米电视、小米机顶盒，并通过投资的生态链公司提供运动监测手环、空气净化器等产品，还有空气净化器这一近年来中国城市生活的必备品。不过，小米的第一个，也是让自己变得人尽皆知的硬件产品，还是智能手机。

小米创立于 2010 年年中，模仿对象包括很多跨国企业。**有一条创业者都耳熟能详的建议是，初始投资者数量要少。雷军却反其道而行，一开始的国际化投资阵容就很惊人，包括刘芹的晨兴创投、新加坡国有投资公司淡马锡和中美合资的启明创投。**

小米的第二轮融资对象包括总部设在美国圣迭戈的全球最大手机芯片厂商高通。

微创新，从“小步快跑”到“升级到极致”

2011 年，小米发布了它的第一款手机 Mi1。所有人看到这款手机，都会在头脑中浮现出一个相同的想法：“一般般，而且 MIUI 运行得也不太顺畅。”当时 MIUI 的内核安卓仍然不能与苹果并驾齐趋。然而，考虑到 Mi1 的价格，它就没必要比苹果好了。它只需要比其他安卓手机稍微好一点，尤其是三星。

一名小米早期用户在 2011 年说道：“那时，安卓手机的使用体验非常糟糕，如果总分是 100 的话，我都给不到 60 分，虽然 MIUI 在质量和流畅性上与 iOS 仍有距离，但我感觉已经足够好了。”Mi1 很难说是一款开创性的产品，而且在小米 MIX 之前，它也确实从未有一款能够与市场上已有的产品有本质区别的产品。然而，Mi1 很便宜，只要 2 000 元，而当时三星同等性能的产品却要 400 美元，苹果在中国市场还没什么销量。当然，价格优势只是暂时性的。小米的长期优势是持续不断的改进，这一点和丰田、维基百科以及安卓本身都是一致的。虽然采取了苹果风格的产品发布会和发布方式，但小米的优势其实在于迎合了“小步快跑”的中国观念，以及努力“做到极致”的承诺。

计算机，包括被我们称为手机的小型计算机，其特别之处在于，硬件在搭载好软件后可以改进性能。一台电脑或一部手机的硬件部分只是提供了可能性，让一切运转起来的是软件。软件越好，运转效果就越好。**计算机联网之后，“小步快跑”可以变为“升级到极致”。小米在开发上的努力，就是基于对设备界面和使用体验持续的微小改进。这家公司偶尔会对 MIUI 进行大的升级，但真正重要的工作大多数是持续不断微调。**小米每个星期都会推出 MIUI 的轻微升级版本。当我写下这段文字的时候，他们刚刚进行了第 231 次升级。新升级会在周五上线，这些升级在小米内部和小米用户中被称为“橙色星期五”，橙色是小米公司的形象色。

对于 MIUI 的程序员来说，他们整个日程表都围绕每周的版本升级安排。例如，每周三公布新版本包含的功能，之后的时间进行内部测试。MIUI 新版本的正式发布又是进行外部测试的机会：“橙色星期五”之后的周末，成千上万的用户测评、Bug 报告以及新功能需求都将涌上小米论坛，这些都会被考虑进下一次系统升级中。

所有企业都声称客户很重要，但只有少数能做到言行一致。**客户服务被看作是令人不快的成本；产品功能往往是闭门造车的产物，直到产品完成那一刻它才会被公布给潜在用户。小米正相反，对用户的反馈非常重视。**每个“橙色星期五”的发布活动都会同时向用户提出 4 个问题：升级之后的 MIUI 感觉怎样？用户可以用从笑脸到皱眉等一系列表情来回答。我最喜欢新版本中的哪一点？我最不喜欢哪一点？我最想要的功能是什么？答案会被收集起来，在接下来的那个星期二发送给几千位工程师。Bug 很快将得到修改，新功能的添加则要稍微慢些。

随“橙色星期五”同时发布的是一些精心制作的视频，内容包括新功能介绍和米粉的用户体验分享。这些视频被放到 YouTube 的小米主页和其他媒体上。同许多其他公司一样，小米不会错过任何能帮助它在全球扩张的工具。

抢购，依靠急速下降的成本获得利润

不断进行线上升级的做法也决定了小米的标志性策略：限时抢购（flash sale）。通过告知用户将要发布新手机，并让其注册参加提前一周的预售，小米对需求有了更精准的把握。在 2015 年 1 月，小米仅用 3 分钟就卖光了它最贵的手机小米 Note。5 月，小米运动监测手环在印度市场上只用 7 秒钟就销售一空。“双十一”那天，小米用12小时卖出了超过200万部手机，创下吉尼斯世界纪录，打破了自己之前的纪录。然而，这样的成绩也引发了争议。小米被指责供应链存在严重缺陷，缺乏满足市场需求的能力。

2011年年底Mi1发布后，中国最大的两个国有移动运营商之一中国联通紧跟着发布声明，将采购100万部Mi1给自己的客户。小米通过与用户进行线上互动、线上营销和与联通结盟，成功地在3个月的时间里，从销售自己的第一款硬件产品发展到激发出庞大的市场需求。这家公司从未经历漫长的增长阶段以及与供应商讨价还价的阶段，它的品牌几乎立即成了供应商眼里的黄金。一位要求隐去姓名的小米投资者说，小米现在已经可以在产品测试阶段就敲定上百万部订单的价格，比如它正在开发的一款手表和一台无人机。因为小米在两年内推出一款可行产品的可能性毋庸置疑，所以供应商愿意冒这样的风险。

另外一位早期投资者加里·雷歇尔（Gary Rieschel）向我解释道，一般的手机厂商在推出新品时，会对老款产品大减价，给新产品迅速让开道路，但小米绝不会这样做。它很少降价促销，更常见的做法是加快软件的更新速度，这样更省钱。“我们在促销上付出的成本不超过 3%”，雷歇尔说，这得益于所有产品都在同一渠道上销售。**小米每两年左右才推出新旗舰手机，而且降价的速度非常缓慢。这个过程中，手机零部件的成本实际会大幅降低。**这意味着开始时利润很低，但到后期利润很高，平均下来就还不错。

聚焦于少数几个产品线，使小米能够保持较小的规模。小米员工在招聘的过程中都会被告知，小米的目标是尽可能少招人，而把精力集中在吸引和留住有才能的人。这听起来是很老套的企业说辞，但小米真的只有约 8 000 名员工。作为比较，中国互联网巨头、总部同样在北京并挨着小米的百度，员工人数是小米的 5 倍，但它的市值只有不到小米的 2 倍，为 720 亿美元，小米是 450 亿美元。虽然工资水平一直在上涨，但廉价的劳动力还是很容易获得的。**因此，要在一家高速成长的企业里保持较小的员工规模，绝对需要很强的自制力。**

小米从 2012 年 4 月开始每年举办一次米粉节，这是类似苹果产品发布会一样的活动。在一次米粉节上，小米的毛绒吉祥物“米兔”在几个小时内就卖出了 10 万个。同年秋天，它推出了第二款手机 Mi2。新产品对 Mi1 做了正常改进：速度更快一点，质量更轻一点，更好的屏幕和摄像头，价格同样是 Mi1 当初的 2 000 元。Mi1 仍然在售，价格为 1 300 元。雷军声称，为了获得用户，Mi2 上市价格甚至低于成本。开售后 3 分钟，小米就卖出了 50 万部 Mi2 手机。Mi3 在 2013 年秋季推出，与它一同宣布的还有小米进军大型 3D 电视领域的消息。在同一时期，小米还从谷歌挖来了安卓产品副总裁雨果·巴拉。他将进入小米国际部的负责人，掌管整个公司的国际市场拓展。

Mi4打破了秋季发布的惯例，于2014年7月推出。同年，小米在新加坡开辟了它在海外市场的第一站。进入一个新国家是相当复杂的事情，因为涉及在当地建立线下销售伙伴关系，用不同语言提供客户服务。小米的市场部总监魏来带我参观了北京的小米客服中心。在那里，巨大的显示屏上显示着从中国各个区域打来的电话数字，东部最多，因为那里也是最富裕的地方。同时，国际业务的接入量也在不断增加。2015年年初，最忙的时候一天可收到3万通电话和4万个微信留言。自新加坡开始，小米已经进入其他人口众多且价格敏感的市场，在印度、马来西亚、菲律宾出售手机，并计划进入泰国、印度尼西亚、俄罗斯以及更远的土耳其、巴西和墨西哥。

当然，小米的海外行动并非一帆风顺。几乎是一进入印度就遇到了麻烦。2014 年 8 月，一份来自网络安全公司 F-Secure 的报告受到了广泛关注。该报告称，小米手机正在收集印度用户的个人数据并发回中国。起因是小米手机上的一个默认设置，该设置使用户在使用小米云信息服务时自动分享系统报告，而客户通过小米服务器发送信息则可以省钱。小米立即发布了新版软件，并将这种数据分析和信息的默认设置改为“关闭”，但并不是所有人都收到了消息。几个月后，虽然这个设置已经改变有一段时间了，印度空军还是发布禁令禁止其工作人员购买小米手机。不过，印度军方后来还是取消了该禁令。①

那个月晚些时候，一个来自香港的用户发出了同样的指控，个人数据被小米传回到了位于北京的

---

① 经过不断努力，小米的产品在印度市场引发一轮又一轮的热潮。2017 年，仅仅用两年多的时间它在印度市场就取得了重大突破，市场份额上升至第二名。——编者注

服务器。接下来的一个月，在小米海外扩张第一站的新加坡，其政府也开始调查小米潜在的侵犯隐私的行为，因为有人指控小米出售用户号码给电话推销员。虽然小米迅速做出了反应，修改了软件，并在秋季宣布将在国外设立服务器来减轻人们的恐惧感，但各国对数据采集和用户隐私敏感度的上升已经表明，小米每到一个国家都难免会遇到类似的挑战。

2015 年年初，小米在美国做了一次媒体发布会并宣布，将在美国出售运动手环和其他附件，但没有手机。人们普遍相信，美国和西欧市场的进入壁垒会更高，因为那里的人们对价格不敏感，而小米的竞争对手们的法律意识更强。专利案件在美国非常普遍，要进入这个市场，小米就需要警惕包括苹果在内的美国本土企业把它拉上法庭。

Mi3 做得很漂亮，和市场上的其他产品都不像。我和我的学生发现，这是一部从远处就能一下子辨识出来的手机。然而，Mi4 却让人尴尬地感觉到是在对 iPhone 5S 的模仿，细到外壳颜色和按钮形状。站在几米远的地方，它那同样是白色的侧面和相似的圆角会让人把它与 iPhone 5S 混淆。“这是盗窃和懒惰，”苹果首席设计官乔纳森·伊夫（Jonathan Ive）这样评价 Mi4 的设计，“我觉得它很烂。”手机行业的观察人士相信苹果不会在中国起诉小米，因为它不想断了自己进入中国高端市场的门路。然而，小米在印度的专利问题，以及在北美只卖配件不卖手机的现实，都说明它的扩张将受到未来诉讼威胁的制约。

独创性的 Mi3，因袭性的 Mi4。这看上去很奇怪，它们都来自同一家公司。想搞清楚哪个代表真正的小米，以设计为中心还是模仿别人，这样的问题太过一厢情愿了。目前来看，两者都是。既然 Mi3 和 Mi4 都有自己的市场，何必太在意到底是创新还是抄袭？**小米绕过了传统的商业信条：“好、快、**

便宜，三者之中只能选两个。”只要消费者觉得好用而且未来会更好，小米就没必要做出选择。

即便是转变为手机厂商之后，小米仍然专注于互联网服务模式。因为它只在网上进行直销，避免了在每个目标城市雇用和培训销售人员的成本，以及铺设物流与仓储的投资和折旧成本。商店中也有小米出售，但零售商需要以高出成本的价格从小米处购买。这种零售和再销售的模式省去了组织麻烦，同时避免了实体店和线上销售发生价格冲突。小米产品的线上价格总是更低，但它不用理睬这种线上线下的价差，而把事情留给中国联通和实体零售店去处理。

小米在北京的实体空间，位于科技枢纽中关村一间由羊毛仓库改造而成的建筑底层，名为“小米体验中心”。它主要为用户在网上购买前提供真品的实际体验。你不能在这里买走小米的任何产品。小米采取的最接近于线下销售的形式是产品发布活动，它总会与总体的线上闪购策略相配合。

很多人试着去填补小米没有实体店的空白。2014 年，稍微大一点的城市都出现了假冒的小米商店。在深圳华强北路这个世界上最大的电子市场，存在很多这样的店铺，有些街上还不止一家。它挂着精美的小米标志，其店员甚至穿着假的小米制服。这种情况非常严重，迫使雷军不得不亲自发表声明，表示这些店铺全都不是小米经营的，小米从不在线下零售自己的手机。[①] 令人非常担心的是，这些假店铺不会像中国联通那样从小米拿货再转卖，而是贩卖 San Song 和 Svmsmvg 这类山寨手机。具有讽刺意味的是，被抄袭企业好像并没有因此遭受任何损失。对被抄袭的恐惧是如此强烈，以至于当我在北京和小米员工交谈时，他们想做的第一件事就是检查我的小米 Note 是不是假的。它是真的，但是检查

① 随着小米生态链的完善，产品品类的丰富，雷军开始加大线下的布局。遍布各地的“小米之家”已经成为小米商业模式之中极为重要的一环。——编者注

过程用了好几分钟，可见山寨厂商做到以假乱真的效率有多么高。手机薄度成为手机厂商广为追逐的卖点其实是有原因的，从工程上来讲，制作出足够薄的手机已经成为仅有的几个难以普及的技术难题之一。

小米区别于其他手机厂商的地方还在于它的位置。小米总部所在的北京，是中国两大科技中心之一。另外一个以电子制造闻名的中国城市是南方的深圳。规模巨大的富士康工厂就设在这里，它为苹果的 iPhone、iPad 和其他电子设备提供组装服务。**深圳是全世界最大的电子产品集市，拥有完备的手机制造技术与能力。而小米却选择了北京，因为那里有各类互联网企业，它们更擅长设计软件、提供服务和抓住用户。**

随着手机的媒体功能越来越强，清晰地掌握人们利用手机软件所做的事，无疑关系重大。部分原因是科技企业同时也发挥着科技教育的功能。就像

20 世纪七八十年代的美国 128 号公路，作为高科技集散地，坐落着通用数据（Data General）和数字设备公司（Digital Equipment Corporation）这样的企业，毗邻麻省理工学院；斯坦福大学和加州大学伯克利分校中间则由硅谷连接。北京也拥有众多顶尖高校，如北京大学。

小米与深圳的山寨文化有着一定的联系，但其本身却不是山寨。这家公司如果不是背靠全球最大的制造基地，根本无法实现今日的成就。事实上，小米的很多手机都是由苹果手机供应商富士康组装的，而这只是电子行业众多竞争重叠的部分之一。小米已经展示了如何将外形设计、持续不断的软件更新和服务升级以及品牌光环相结合，用相对标准化的部件制作出理想的产品。**虽然小米最终变成了定位于小康阶层的中端产品供应商，对于本土是中国的市场，这样的成绩还远不算什么，但它创造的产品整体价值能够超出部件成本之和，已足以成为**

其他创业者学习的榜样。在已经可以说胜利的前提下，小米第二个 10 年的关键问题是它能否成功走出中国这个庞大却奇怪的市场而融入世界。

小米的商业模式

当一个趋势特别巨大时，它就会超过人们的认知水平，没有人能够提前把握一切。小米没有死死咬住某种商业模式不放，而是保持着十足的开放性。首先是在移动互联网的大趋势中站稳脚跟，然后再去实现自己的梦想。小米商业模式总是具有阶段性的。就像卫星一样，它先围绕某一个轨道运动，直到变轨点，再步入下一个轨道。

软件 + 互联网

当小米发现操作系统是安卓手机巨大的痛点时，便开始打磨 MIUI，从而获得了最初的阵地。研发 MIUI 的过程，使得小米聚拢起了大量的发烧级用户，这些人不但能够帮助小米完善 MIUI，还成为小米手机的免费营销人员。

硬件 + 软件 + 互联网

依靠 MIUI 成功地将自己的触角扩张到手机硬件后，小米开始构建起自己的新商业模式。低廉实用的产品往往忽视设计，而小米就是要打造既重视设计又低廉实用的产品。电子产品的零部件的价格下降速度极快，这给了小米实现自己企图心的机会。如果寿命很长且价格总体维持稳定，那么即使产品上市时定价低于成本，也会最终获得不菲的利润。

硬件 + 新零售 + 互联网

随着手机市场逐渐陷入红海，小米开始利用手机领域的经验，大规模涉猎其他产品，打造自身的生态链。手机掌握着巨大的线上流量，加上足够丰富的生态链产品作为支撑，雷军开始着手打造自己的新零售体系。

Xiaomi

小米之道

M03

头号生产者，
头号消费者

《《《

克莱·舍基

Xiaomi

视点

- 13 亿人口这个抽象的词汇让人很难有真切的感受。不过，可以这样想，要得到美国的人口数，需要用中国的数字减去 10 亿。

- 中国就像 20 世纪 80 年代的美国，拥有强劲的国内需求作为外向型经济的支撑，并最终形成国内价格和工资相互促进的双赢局面。

Viewpoint

Xiaomi

>>>

中国人口众多。这个事实已经在某种程度上成了中国的一大特色，就像奶酪之于法国、沙滩之于泰国一样。对于生活和工作在这里的人，尤其后者，人口就像是地球引力，影响着一切。一旦离开长城和兵马俑中那些疏导游客的狭窄的观光通道，你就会发现这个国家正按照自己的逻辑运行，并不是因为某种根深蒂固的“中国文化”，而仅仅是因为人们不得不适应庞大的人口数量、较低的人均收入和停不下来的城市化。

庞大的人口规模

如果按照人口数量为各国排名，从梵蒂冈到美国，你会得到一条平滑上升的曲线，中间没什么起伏，然而，在这个曲线的末端，连续性被突然打破，出现了两个4倍于美国的庞然大国：印度和中国。13亿人口这个抽象的词汇让人很难有真切的感受。不过，可以这样想，要得到美国的人口数，需要用中国的数字减去10亿。和世界大多数地方一样，中国正在进行城市化，但是正如很多人拿中国所做的各种比较那样，城市化在中国的剧烈程度很难用普通文字来描述。中国人口最密集的地方，比如东南部及内陆地区的几个大城市，会让美国任何一个城市都相形见绌。这意味着，支撑中国城市运行的各种体系，都在超负荷运转。城市是中国整体人口情况的集中体现，中国拥有规模居世界第一和第二的地铁系统以及全球最繁忙的10大地铁系统中的4个，并同时在25个城市大规模地修建轨道交通。相比之下，美国甚至很难让高速列车行驶起来。

即使基础设施的兴建速度如此之快，还是赶不上城市规模和密度的增长。我在上海期间，每次向身处美国的朋友描述这个城市时，总是这样开头："就像纽约，但远比纽约繁忙和拥挤。"即便这样说，还是低估了真实的情况：中国拥有十几个规模超过纽约的大型城市，具体名单因测量范围而可能稍有不同。其中 3 个直辖市，即上海、北京和重庆，人口都超过或几乎等同于整个纽约州。超级城市广州的卫星城市遍布整个珠三角地区。这些卫星城市位于香港正北，拥有 4 400 万人口，超过加利福尼亚州的人口，面积却只有加州的 1/10。

一到法定假日，到处人山人海，形成区域级别的突发性人口流动。新年长假对中国人的意义类似于美国人庆祝圣诞节，和亲人团聚是最重要的事。不过在中国，这意味着几千万人口在同一时间去探望亲人，从而形成这个星球上规模最大的人口流动。

| 不平衡的发展水平 |

这种巨大的人口统计学特征会刺激西方人对贫富的敏感神经。以某些指标来衡量，中国目前已经是全球最大的经济体，而且很快就会在所有指标上名副其实。然而，用这样的财富去除以它的人口，得到的数字却落在很多国家的后面。中国人均 GDP 比世界平均水平低 20%，与突尼斯和多米尼加共和国差不多。邻居韩国的人均国民收入几乎是它的 3 倍，而日本、美国及大多数西北欧国家则是它的 4 倍。中国很富，但中国人并不富。

收入不均和城乡差距也在相互强化。钱越来越向大城市汇聚。中国版 WhatsApp、即时通信应用微信在服务中加入广告，每到达 1 000 名用户，微信的所有者腾讯公司就会收取广告主 40 元（约 6.6 美元）。腾讯同时可以做到让广告只到达上海、北京的受众，但要收取 3 倍的费用。仅仅作为这些城市里的一个微信用户，就代表着财富和相较阔绰的消费习惯。

这种差别在中国制造了大量的流动群体，男人们离开村庄和小城镇，来到大城市的建筑工地工作，女人则去做家政服务或工厂工人。然而，他们却无法享受城市的一系列公共服务，包括让孩子进入城市学校就读。举家迁移非常困难，因为中国的户口把各种福利，包括教育，与出生地捆绑在一起。正如美国将自己的蓝领工作外包给中国一样，中国也利用类似的迁移方式，制造了一支农民工大军。这使得上海、北京和深圳等地区的经济就像一块强大的磁铁，吸引着大量梦想从这些经济中心受益的人无限制地涌入。

对于现代中国的第一代人而言，向世界开放意味着变成世界工厂，需求、制造知识和原材料皆来自国外。中国唯一的优势就在于大量的廉价劳动力，以及由此形成的有吸引力的价格。建立能让几亿人口脱离贫困的市场经济并非朝夕之事。20 世纪 70

年代，中国太大、太穷，毫无经验。开放之初，中国政府在临近香港北部的地区设立了第一家试点企业，但它的主要业务只是拆除报废船只。因为缺乏成熟工人，技术、管理知识和资本都欠缺，所以无法直接建立业务从外国人那里赚钱。从那个艰难的起点开始，来自全球的制造业订单开始大量涌入中国，其复杂程度也越来越高。

中国的经济轨迹经历了拆卸报废船只，为外国公司组装简单产品，再到愈加复杂的订单制造的过程，同时形成了一个由越来越多有一定可支配收入的人口形成的国内市场。所有这一切都是以令人目眩的规模和速度进行的。在邓小平启动了改革开放后的近40年里，无数的人口脱离了贫困，反过来让中国不仅成了全球头号生产者，也成了需求种类日益丰富的头号消费者。

几乎所有由中国生产的产品都拥有本土市场。这种情况很像20世纪80年代的美国。当时，美国拥有强劲的国内需求作为外向型经济的支撑，最后形成国内价格和工资相互促进的双赢局面。

拥有一支服务业工作者和知识工作者大军的美国，或许已经是一个后工业经济体，但是人们不是生活在后工业时代。美国仅仅是将制造业向西转移到了 8 000 公里之外。手机和其他全球性电子消费品一样，长期以来一直在中国组装，而中国也越来越比其他国家更擅长组装这些电子产品。要理解中国的硬件，就需要理解这个国家与这些主宰了我们生活的机器之间所形成的紧密关系。

>>> 小米之道

小米的国际化战略

中国拥有庞大的人口规模，这不但提供了极为丰富的劳动力资源，同时也创造了一个巨大的国内市场。这种环境，为打造世界级企业提供了天然的优势。企业可以先在国内市场这个温床上快速成长，然后突破国界去世界市场攻城略地。

小米自诞生时起，就致力于成为一家世界级企业。它不但花费巨资购买了域名，而且很早就开始着手迈出国门。如果自己真的代表着物联网大趋势的潮头，在商业模式经过了中国市场的检验、并坐拥中国超强的生产能力情况下，没有理由不能在世界取得成功。显然，检验小米是否成功的标准，是它最终有没有成为一家世界巨头。

Xiaomi

小米之道

M 04

产品的进化，正在逐渐变“软”的世界

克莱·舍基

Xiaomi

视点

- 努力让成长于物理世界的人产生一种对数字产品的幻觉，这种模式被称作skeumorphic。然而，与数字产品一起长大的第一代人现在开始期待物理世界的实体具有同样的数字属性。

- 在只要比沙发复杂的物体都至少具有一些计算能力的世界里，你可以通过购买新软件而不是新电器来改变居室的样子或功能。

Viewpoint

Xiaomi

»»

手机是一种有趣的商品，介于日用品和奢侈品之间。每个人都需要手机，但对手机主人来说，它又是身份的重要体现。这种特点很大程度上可以描述为“消费得起的奢侈”。手机壳市场之所以存在，就是因为面对手机产品的日益标准化，人们需要一种表达个性的廉价方法。如所有电子产品一样，在东亚地区得到了最为夸张怪诞的实践。音响设备那样真正的电子奢侈品并不多，最近的例子是诺基亚 2006 年成立的子公司 Vertu，生产标价 2 万美元的手机。凭什么？它有黄金和红宝石镶嵌的键盘、鳄鱼皮外壳，由英格兰工匠手工组装。

Vertu 甚至不想为如此高价而辩解。这个商业模式让人想起一个老笑话，一位俄罗斯寡头问他的朋友："我的西装怎么样？我花了 1 500 买的！"朋友答道："傻瓜！我知道一个地方 3 000 就能买到！" Vertu 在去年宣布将发布安卓手机，进一步证明人们只想要智能手机，ios 和安卓之外的第三种操作系统根本没有市场。

品牌魔力，苹果帝国的启示

手机几乎已经成了财富和喜好的一般标志。拿着翻盖手机的，要么是穷人，要么是标榜怀旧的有钱人。其他人则只是在各种"黑色玻璃平板"中间，寻找能彰显自身品味和地位的产品。**在中国，可支配收入的增长与对个性追求的放开同时发生。**与其他地方一样，苹果适合于自我炫耀，是富人们的首选。虽然苹果在中国的市场份额低于全球平均水平，iPhone 6s 却比别处卖得好。彰显身份在这里是

iPhone 的最大功能，甚于美国。在电子产品商店，安卓手机产品摆放时会露出屏幕，但苹果手机常常带着包装盒，以便露出苹果 logo。所有能够实现这种身份彰显的方法都很重要。iPhone 6 发布后，新的手机壳背面立即被印上大大的数字 6，这样你就不用在保护手机和让别人知道你有这样一部手机之间陷入两难了。

苹果在中国也成了“最佳企业”的代名词，甚至在北京高科技区域中关村的一家酒店，大堂礼品店里摆着史蒂夫·乔布斯形象的摇头玩偶。没有任何一家公司像小米这样努力去获得同样的品牌魔力。很多人称这家公司为“中国的苹果”，小米创始人兼 CEO 雷军常常被戏称为“雷布斯”，姓氏和乔布斯的拼在一起。他反对这样的比较，坚持称小米在精神上更接近亚马逊和谷歌，但有自己的内涵。雷军确实穿着黑色 T 恤和牛仔裤举办乔布斯式的产品发布会，但人们也需要意识到，iPhone 的出现并不是很久远的事情，它剧烈改变了整个移动电话市场，并在很大程度上将产业中心从北欧（诺基亚、爱立信）和北美（黑莓、摩托罗拉）转移到了亚洲。

2007 年发布的 iPhone，轻而易举地改变了人们对手机功能的定义。人们开始意识到它不仅仅是交谈、发短信的工具，更是强大、灵活、联网的口袋电脑。苹果产品不仅让消费者偏好发生了有史以来最快的转变，也让诺基亚和黑莓那些昂贵的手机变成了老爷车。记得当这一切发生时，我遇到一个在诺基亚做设计师的朋友，我问，诺基亚管理层打算如何应对 iPhone。他冷冷地回答："他们甚至不明白问题是什么。"短短 3 年，诺基亚就从世界上首屈一指的移动电话公司变成了彻头彻尾的失败者，3 个月后衰败到被微软收入囊中。5 年之间，一代霸主走向终结。

通过边缘化诺基亚，苹果有效地收拾了欧洲移动电话产业的残余。爱立信手机业务 2001 年被索尼收购，阿尔卡特在 2001 年由 TCL 接收。这是一个巨大转变。诺基亚曾在 10 大畅销手机中占有 8 个产品，约 13 亿部。苹果有史以来所有手机版本的总体销售量，还赶不上当年诺基亚 1100S 一部手机。苹果也打击了摩托罗拉和黑莓，前者由谷歌收购，后者的颓势近似自由落体。剩下 iPhone，凭借设计的精美傲视整个品类，而为历史习惯羁绊的竞争对手们，甚至无力推出一个令人满意的替代性产品。所有人，包括苹果自己都没预料到，产业的整体格局会如此迅速地被改变。

苹果公司曾希望在 iPod 上复制这种成功，进而创造另一个产品类别。然而，对 iPhone 几乎无差别的复制决定了这是不可能的。虽然 iPhone 重新定义了人们头脑中的手机，却也在不经意间创造了一套近乎完美的强度竞争规则。

中国转向智能手机相对较晚。消费者精打细算，加上贸易壁垒，让中国人在 iPhone 推出几年后仍使用其他手机。不过通过另外的角度，你就可以看到这个国家在变。iPhone 推出之前的年月，正是雷军在金山接受沉痛教训的日子。自 20 世纪 80 年代末创立以来，金山一直经营不顺。像许多紧盯个人电脑的企业一样，金山尝试过各种产品，从办公软件、翻译软件到防病毒工具。今天在网上仍能看到雷军当年编写的改正 Windows 运行错误的代码。经过 4 次失败的上市努力，金山终于在 2007 年获得了成功，但不久雷军就辞职了。

雷军还在金山时就创立了卓越网（Joyo.com），它是中国第一批网上书店之一。2004 年，该网站以 7 500 万美元的价格被卖给了亚马逊。和今天中国众多互联网企业的估值相比，这个数额不算巨大，但这笔交易让雷军对市场有了新的认识。**正如他后来所说，他知道了“做正确的事比正确地做事更重要”。**当一家公司势头正旺时，管理上不必事事追求完美。他后来还说：“站在风口上，猪都会飞。”到 2007 年

iPhone 推出时，他已经彻底明白，金山一直专注的计算机软件恰恰是在远离风口，而互联网则是在风暴中心。他只是尚不清楚，互联网和手机即将迅速地在中国交汇。

就在 iPhone 发布之前，安迪·鲁宾(Andy Rubin)创办了一家名为 Danger 的公司，它开发了一种非常有创新性但很小众的手机 Sidekick，深受互联网企业家和美国青少年喜爱。Danger 还为 Sidekick 的手机设计了操作系统，它就是安卓（Android）的前身。在 iPhone 上目睹了触摸屏界面的实用、便捷和成本可行性后，谷歌的一个团队快速修改了安卓，采用一组类似的点击 / 滑动手势，做出了可替代苹果 ios 的操作系统，任何手机制造商都可以使用。到 2009 年时，安卓操作系统获得了巨大成功，它的普及意味着 iPhone 将成为全球智能手机中的利基产品，尽管是一个极其有利可图的利基市场。情况看起来是，整个手机行业的竞争已经变成了两家相距 16 公里的硅谷公司，即苹果和谷歌之间的竞争。

后来的事情并不是这样，谷歌唯一的硬件知识是运行服务器，因此，它没有能力设计和销售一款人人想要的手机。我是谷歌 Nexus 的早期用户，但其表现实在一般。通过收购和修改安卓，谷歌只是将 PC 市场的规律带到了手机领域。

在那个市场上，苹果将计算机硬件和软件捆绑销售，不仅没有招致失败，还成功阻止了任何第三方计算机运行它的操作系统。相比之下，Windows 从来没有尝试和某个硬件公司进行捆绑，IBM、康柏、戴尔和惠普因此都可以销售运行 Windows 操作系统的计算机。随着安卓的推出，相同的一幕开始在手机领域上演。

你只能从苹果公司购买 iPhone。数以亿计的人希望有足够的其他选择，包括存在无数供应商的安卓手机，只要价格合理。能够满足后一种需求的最好的公司几乎都在亚洲：三星（韩国）、HTC（中国台湾）和华为（中国制造业中心深圳）。

今天，各东亚制造商的优势十分相似：积累了深厚经验的制造业；廉价、熟练的劳动力；投资者急于上马新的制造能力；全亚洲范围内的传统电话网络跨越式升级。20 世纪 70 年代末，日本产生了第一部实用的手机，这催生了不断推动手机创新的企业网络，就像 20 世纪 30 年代惠普在加利福尼亚州设厂导致了硅谷（类似的企业网络）的诞生。

这些企业已经主宰了移动电话领域和几乎整个网络设备行业。华为在 2012 年成为全球最大的电信制造商，取代了爱立信，而且继续把网络生意版图扩展到了欧洲、北美直至非洲。在中国市场上，华为和 HTC 唯一出师不利的领域是个人消费电子产品，这类产品不仅取决于功能和价格，比如路由器，风格也很重要。中国人富裕起来之后，就把最简单的产品换成了能体现身份地位的手机。因为 iPhone

的价格决定了它不可能被广泛使用，但是华为和HTC的“普通旧手机”也实在招揽不到什么顾客。于是，三星在不断扩张中，成了“适当高端风格”手机市场上的最大赢家。

对于大部分外部人来说，这个市场看起来已经饱和了。到2010年时，中国电信同意iPhone进入自己的网络，争夺对价格不敏感的那部分市场。诺基亚仍然制造供低收入人群使用的低价耐用手机，中间部分则被三星占据。但是，雷军所寻找的风口不在硬件，而在互联网。

小米是第一家在中国互联网真正普及时创立的企业之一。早期成功者，比如百度、腾讯、阿里巴巴，从无到有搭建了网络基础设施。到了2010年，互联网已经成为一切生意的基本前提。在不同的历史阶段，人们都有自己的堪称典范的发明，罗马的道路系统、机械摆钟和蒸汽机分别被用来代表各自时代的成就，这种标志性也被固定化。企业被视为推动社会发展的发条系统，比如火车系统曾被用来将奴隶偷运到自由的美国北部地区。**在过去的 30 年里，软件大量运用现实世界的符号来展示功能：你的电脑拥有文件夹；平板电脑使用翻页动作来移动文件；搜索引擎的符号是一个放大镜，虽然在一定程度上，用望远镜似乎更恰当。这些老模式试图让成长于物理世界的人对数字产品产生一种幻觉，而把大量的复杂计算和设置浓缩成几个怀旧的图标，这种模式被称作 skeumorphic，即软件界面设计模仿实物纹理。**

就最近而言，标志性的发明变成了网络。随着网络世界的崛起，从移动电话到社交的广泛领域，大量新工具涌现了出来。这些新工具使得我们能更深入地理解网络实际上是如何运行的。在花了 10 年让自己习惯于网络之后，我们开始期待从一个充斥着软件的世界回到真实世界。我们看到了 skeumorphic 模式的反转。**与数字产品一起长大的第一代人，现在开始期待物理世界的实体具有同样的**

数字属性。玩着父母手机长大的孩子们不理解为什么电视屏幕不能用手指翻页。印刷品设计也频频模仿网页设计。学者瑞安·卡洛（Ryan Calo）指出，谷歌园区使用了“点击生效”的法律逻辑，就是当你下载新软件或内容时，点击“同意”，就被默认为你已经阅读了免责声明。在谷歌公司山景城的总部，一块大屏幕上写着声明：一旦进入谷歌园区，就意味着你已经同意其保密协议。

未来，所有复杂物体都会被设计得像软件。这种模式有时被称作“物联网”（Internet of Things），它其实就是一个常规的传统网络，只是在这个网络中，全世界大部分物体内部都装有一台计算机。今天，这几乎已经实现了，你所拥有的每台带电池的设备内部都有一块芯片，除了手电筒。你可以顺便去找那些带电池的设备测试一下。**在只要比沙发复杂的物体都至少具有一些计算能力的世界里，你可以通过购买新软件而不是新电器来改变居室的样子或功**

能。当然这是大多数计算机的逻辑，但更是智能手机的逻辑，你可以在手机上下载一个应用，用它来连接各种各样的设备。

对于小米来说，这样的转型是以周为周期的。每周，“橙色星期五”都会推出细微调整的系统，尤其是性能和电池寿命的改进，正是这两点推动了MIUI 早期版本的流行。

在简单环境中，人们通过获得新物体而获得新能力。在复杂环境中，人们通过获得新服务而实现新能力。经常往手机上安装应用程序的人都清楚，所有应用都不能解决的问题是应用太多了。不断复杂化的环境总是制造出新的商业机会，这些复杂性需要由第三方帮助你管理。一种在复杂环境下的成功方式，恰恰是某人不断为你制造的复杂性付钱给你。这种状态就是小米的长期目标。**正如小米投资人刘芹所说：“我们从不在乎卖出多少手机。我们在乎的是用户转化率。”**小米在 2011 年实际上没有盈利，2013 年利润也低得让人难以置信。每一元钱都又再度被投入，用于增长。在 2014 年年末，它又融资 10 亿美元。不过，小米目前已经真正盈利了。在早期，用户数比收入重要的想法是一种老旧的互联网模式，自雅虎、谷歌和亚马逊开始，几乎所有企业都是首先扩大规模，之后才开始追求收入。

虽然小米已经进入了硬件领域，但它还是持续地专注于保持自己的既有模式。销售小米手机产生了一些收入，但更重要的是，它为 MIUI 提供了渠道。用户使用手机时会体验到 MIUI，实际上也限制了用户使用其他产品。用户参与是小米的最初逻辑。一小群员工利用勉强够用的资金获得了最初的成功后，便开始招兵买马。事情通常会这样发展，但是小米不仅是招聘好员工，更是招聘新用户。**为一个还不存在的产品找用户，这是小米不同寻常的做法之一。**然而，这些用户至少是潜在用户，对于小米之所以能够以这样快的速度推出核心产品 MIUI，它发挥了非常关键的作用。

考虑到这家公司是由中国一些最优秀的技术人才参与创立的，就很容易想象小米从这第一批用户身上所得到的东西。**就设计软件这件事来说，有什么东西是用户知道而企业内部的人不知道的？最简单的答案就是现实：每家公司都把自己放在一个大气泡中，在这个可控的环境中设计和测试产品，而不是直接面对真实的使用环境。**复杂的软件尤其如此。早期用户让小米看到了，真实的人（尽管不具备足够的技术知识）在不同设备上安装和使用 MIUI 的实际情况。

这种模式一直延续至今。小米的市场总监魏来说，那些帮忙测试早期版本软件的用户会在一夜之间生成并发回成千上万条试用报告，这样的开放反过来促使小米进行新测试，确定竞争优势来源，即一款让自己的服务和使用者的设备紧密捆绑的操作系统。这不仅仅是大多数软件现在都能自动产生的

bug 报告，更是用户评论和质疑；不仅关于技术，还有他们喜欢或不喜欢的功能，和未来想要拥有的功能。发烧用户提供的更多是技术方面的反馈，普通用户给出的更多是情感方面的反馈。**对于一家专心生产低价产品的公司，它经常强调要拥有自己的呼叫中心，他们认为不应该将这么重要的业务外包。**提供这些报告的用户对公司的起步非常关键，但很多互联网公司在依靠早期用户将产品设计出来之后就把他们一脚踢开。小米绝不会这样，不管在任何场合，它从来都没有忘记那些最初的用户。2015 年 3 月，当小米用户的数量增长到 1 亿时，它极富有人情味地在媒体上感谢了前 100 位用户对小米的重要贡献。

而且，小米已成功地将这种重视感延伸到了其他用户。由于极客在 MIUI 用户中的比例不断降低，所以小米开始做一些能让普通公众产生兴趣，并培养他们忠诚度的事情。其中最有名的技巧是限时抢购，提前公布在某个时间出售有限数量的产品，顾客必须排队（在线）获得认购手机的权利。限时抢购策略经常帮助小米制造“在几分钟内销售一空”的盛况。在进军印度手机市场的过程中，它在 4 秒内卖出了 4 万部低价的红米 1S 手机。小米明白，在包括印度在内的很多市场，占领先机非常重要。**雷军从卓越网学到的最重要的一点是，电商网站的峰值交易量可以是平时的很多倍。在测试小米网的早期版本时，小米采取了向员工销售可口可乐的方式。**最初的计划是每瓶卖 1 元（约合 15 美分），但雷军决定更大胆一些，每瓶卖 1 角（1.5 美分）。虽然用户数有限，但仍然让整个系统遭受了巨大负载。这正是他们为实现限时抢购而需要具备的能力。

在小米的北京办公室里，展示着各版本的小米产品的模型。用户把小米 logo 或界面画在纸板或木板上，寄给小米作为感谢卡。其中最引人注意的一个是把真的小米粒用胶水粘成手机形状的长方块。

这位特别的“米粉”把小米 logo 和基本 UI 用黑笔画在正面，这项工作据说花了 3 个晚上。

小米采用的另一个模式是“堆栈”（Stack）。程序员们通常用它来描述互联网的抽象层次。为了确保各种类型的软件能互相独立地运行，一般会将网络分为不同层次。在互联网上，堆栈的最低层按照惯例是构成能够传输信息的网络硬件。它可以是 Wi-Fi，也可以是电脑背后的一个插头，传输介质可以是铜线、玻璃或空气。不过，所有这些细节都被隐藏或者说“封装”起来，用户无法看到。如果你曾在行驶中的汽车或火车中使用互联网，你就会体会到在一系列设备中不间断实现网络接入的价值所在：虽然不断进出不同的无线网络，你的浏览器仍然保持着联网状态。

随着层组的上移（典型模型是 7 层，就像印度教塔，但真实情况一般少于 7 层），你离人越来越近，直到应用层和表示层。所有的计算机和网络环境都是按这样的方式运行的。iPhone 将硬件、网络界面、操作系统和应用分层管理，这和三星、小米完全没有区别。小米战略的特殊性在于如何利用这样的分层。

在小米之前，手机制造商视操作系统为硬件的附属。这与 20 世纪 70 年代个人电脑行业的情况差不多。当时，人们认为价值在于硬件部分，操作系统要去适应硬件。当年微软意识到，一旦个人电脑成为普通消费品，软件就是钱。与此非常类似的是，小米也意识到由于手机可以接受多种不同的操作系统，自然可以让自己的操作系统运行在不同的智能手机上，而不必亲自做手机。产品开发到一半时，就将其作为“只读存储器”（ROM）出售，这是在手机上运行的一套基本指令，不能修改。小米最初的用户和稍后的跟随者们，利用被称为“侧载”（side-loading）的程序来下载操作系统，并将其安装到三星和 HTC 手机上。对于“侧载”最妙的翻译就是“别问”。虽然在长达半个世纪的时间里，硬件和软件分离一直是产业的标准做法，而且计算机历史上最成功的生意是不与硬件捆绑的操作系统，但小米却是第一家真正把这种方式用在移动电话上的企业。

虽然 MIUI 不断改进，用户不断增多（二者互为因果），但下载和安装新操作系统注定只是少数人的行为。从 100 个用户到 1 000 个，是 10 倍的增长，基数小，增长量就会看上去很可观。**消费类电子产品的制造商都知道一条经验法则：85% 的用户永远不会去动产品的出厂设置。**无数摄像机总是闪着同一个时间 12:00，就是因为这个原因。根据这条法则，小米可预期的市场份额最多是 15%，不过为了达到这一个目标，他们必须努力说服这些用户去真正下载和安装 MIUI。很有可能，还没等到拥有成千上万他们预期中的用户，“在你手机上安装我们的操作系统”策略就会停止奏效。

服务的困局，小米国际化之路

印度经济根本无法与中国相匹敌，后者的人均GDP 比前者高 2 至 4 倍，具体的数字取决于你如何来衡量。但是印度经济的增长速度在不断加快，没人能保证小米“把低价手机卖给关心设计的用户”的手段同样能奏效。印度总理纳伦德拉·莫迪（Narendra Modi）曾经公开邀请小米去印度制造手机，但印度公司 Micromax 和 Lava 却正在努力将小米方式拷贝到自己国家。Micromax 刚刚超过三星成为印度市场上第一大手机厂商,实力不容小觑。当然，任何国家的手机市场都很重要，只是印度和中国市场更重要一些，它们是世界上仅有的两个用户规模超过 10 亿的市场。小米的海外扩张既展示着，也考验着中国的高质量工业设计的水平，而不仅仅是工业产品的水平。

工业设计只是小米目标的一部分。它一直将自己定位为服务公司，而在线服务显然是全球化首选。

互联网是第一个免费的国际性通信工具；电子邮件穿越大洋和穿过小镇一样容易。这种易于采用性是美国互联网企业扩张的主要优势。

很多中国网站都已是庞然大物，其中许多在21世纪头10年已经上市。它们最初的竞争优势是语言。当时，美国互联网公司还没有积极地进行国际扩张，将网站翻译成多语言（“本土化”）昂贵又耗时，一个土生土长的中文网站自然在文化上占优势。

在过去10年中发展起来的中国互联网公司，管理者通常有在美国学习的经历，拥有全球野心。既然在国外提供互联网服务相对容易，这些公司的目标看起来更应该是出口。然而，与制造企业不同的是，中国互联网企业在进行全球化时所面临的挑战要大得多。首要一点仍然是语言。全世界懂中文的人大多数生活在中国，所有中文网站的受众都已经没有增长空间了。相反，全世界能够说英语的人数是以英语为母语的人的5倍，所以，任何国家的一家英语网站，仍然有很多全球用户等待开发，甚至不用翻译。

第二个挑战来自商业方面。中国银行体系与世界之间的鸿沟是出了名的，任何一个尝试在高级酒店之外使用信用卡的人都会迅速发现这一点。中国网站投入巨资所获得的线上交易专长和语言一样，难以移植。类似地，中国在知识产权方面的宽松执法意味着在拓展海外市场时，不仅面临着全然不同的市场环境，也没有了一系列政府性保护。中国最大的两个电商网站淘宝和天猫的拥有者阿里巴巴，卖掉了刚刚运营不到一年的美国网站 11 Main。显然，一个中国企业霸主并不必然拥有在其他市场上的竞争优势。

小米已在英语传播方面投入了大量资金。它挖来了谷歌前高管雨果·巴拉，后者曾在世界大部分地区成为该公司的代言人，而雷军还在 Mi4i 的印度发布会上说了几句英语。为了活跃气氛，他大声喊："Are you OK? Are you OK?"像个医生，而不是CEO。人们亲切地嘲笑着他的英语，现场视频出现在优酷上，基本上达到了他想要的效果。

小米一方面通过大力投资建设商业网站 Mi.com 的多语言版本，另一方面通过与这些国家的本地网站合作，它们还在很大程度上克服了商业优化的问题。例如，通过印度的 Flipkart，使更多的当地消费者可以直接接触到小米。

通过连接硬件和软件，小米正努力填补容易出口产品和不易出口产品之间的鸿沟。雷军的野心是让小米成为盛田昭夫（Akio Morita）麾下的索尼，盛田昭夫希望将"日本制造"从廉价制品变成优质产品的代名词。这将意味着强调产品的中国声誉。

由于小米创始人们在一开始设计公司时就考虑到了全球化，这家公司比任何一家中国服务企业都更有可能去做这件事。"小米的使命是改变世界对中国产品的看法。”雷军在印度发布 Mi4i 时这样对《华尔街日报》说。当时的发布会上，小米用 15 秒钟卖了 4 万部手机。据说 Mi4i 是 Mi4 精简后的中端产品，在印度售价为 13 000 卢比，相当于 200 美元，而 iPhone 6 的售价是 800 美元。该报发现，在雷军实现自己的全球野心、让小米在国外成为第一个“酷”品牌的道路上，印度是非常重要的一步。对小米的考验在于，它能否在一个酷酷的世界企业和忠诚的中国公司之间实现平衡。

小米的智能生态链

过去的消费者普遍成长在非数字时代。当他们在迈入数字时代时，仍保持着传统的认知习惯。因此，他们希望数字世界能够模仿现实世界，比如文件夹的图标是一个夹子，搜索的图标是一个放大镜。然而，新一代年轻人几乎是从小就开始沉浸于数字世界中，这使得他们希望现实世界能模仿数字世界。他们希望现实中所有屏幕都是触摸式的，不管是电视，还是手表。

现有的绝大多数产品最终都会被安装上一颗“芯”，变得越来越智能，越来越互联网化。当世界变得越来越“软”时，我们不需要另购一件新产品，而是通过不断升级相关软件，就能提升产品的性能。小米介入手机制造领域手段，就是通过不断升级的MIUI打开市场。它自信，自己的这一套东西可以移植到更多的领域。

Xiaomi

小米之道

M 05

创客运动，支撑小米的产业基础

«‹‹

克莱·舍基

Xiaomi

视点

- 制造商没有螺丝钉，只有制造螺丝钉的设备，所以，你还不如从头开始设计。这里已经是制造业产业链的起点。

- 赛博数码广场的某些角落最能代表中国人对于数码产品的态度：一种可以自由制作、修改的普通物件，毫无神秘性可言。

Viewpoint

Xiaomi

>>>

零件定制，制造业产业链的起点

中国是全球制造业的总部。创客戈兰·莱文（Golan Levin）利用 Kickstarter 开发了一款 21 世纪升级版描相器，他决定在中国生产自己的产品。当我问他在美国创客文化和中国制造之间有何发现时，他回答说："最难理解的是，当我们和中国制造商交谈时，如果现场没有货架，他们会问：'你想要找什么样的螺丝钉？' 我们会说：'好，让我们来看看你有什么现成的？' 接着他们还是会问：'好，你想用什么样的？'"

这样来回几次，莱文才意识到，这里根本不存在“现成”的螺丝钉，也无从比价，所有的螺丝钉都是按客户要求定做的。制造商没有螺丝钉，只有制造螺丝钉的设备，所以，你还不如从头开始设计。这里已经是制造业产业链的起点，没有更上游的供应商了。

今天几乎全部生活都要依靠电子设备的协助，我们与科技的产生方式却越发疏远。我们相信 Intel Inside ™，却没几个亲眼见过芯片、主板、图形处理单元或硬盘驱动器。我们从专卖店购买计算机，而不再自己组装电脑，也不知道谁还会这样做。著名演员迈克·戴西（Mike Daisey）关于苹果与中国的独白剧《乔布斯的大悲大喜》（*The Agony and the Ecstasy of Steve Jobs*），虽有失客观但确实引人入胜，揭示了苹果的每一个零件都是中国人制造的。2011 年，美国市场上的 iPhone 手机中仍有一些测试图片，拍照的是富士康的员工，这些图片成了对这家中国南方的“巨无霸”工厂、人类制造领域奇迹的罕见公开展示。

在所有中国大城市和绝大多数中型城市，即人口超过西雅图的几百个城市，都有大型电子产品商场，赛博数码（Cybermart）是最常见的一家，还有很多其他品牌。这些大型商场拥有多层空间，通常被分割成不同面积的商铺，像贸易展会那样租给不同厂商。美国人会认为这样做有点蠢，但非常有效，这些商场构成了中国电子产业的缩影，只有在这里，你才有机会一览全貌。

根据规律，在零售空间里，最华丽、利润最高的产品将被摆在底层的临街位置，做工粗糙的低利润产品会被放到最高的楼层。赛博数码广场的底层商铺明亮、干净，拥有白色的展示空间。几个大的展位被顶级品牌占据，如三星、苹果、索尼和联想。如果不注意那些中文标识，你会感觉自己正置身于美国俄亥俄州的一家百思买。不过，这还不是这个商场最有趣的部分，真正有趣的在楼上。

来到较高的楼层，你会看到更多小摊位商家。中国电子产品零售仍很特别地保持了小规模的特点，往往就是夫妻店，孩子们放学后也会来帮忙，这里有很多产品，包括宏碁和华硕的笔记本电脑、OPPO和华为的手机，以及马上就要被淘汰的翻盖手机和诺基亚功能机。你还能碰到一些原则上不该出现在这里的商品，如任天堂 Wii。除了鼠标、手柄、充电器和手机壳以及各种各样的配件，这里通常会有为员工准备的快餐厅，或 Family Mart、7-Eleven 这样的便利店。每当有新品上市，一半商户都会来进货。去年秋天是激光指示器，今年春天是 USB 充电器与嵌入式闪烁 LED 灯。与底层那些干净明亮的展厅不同，楼上是极具中国特色的电器行。

同层楼的后半部分，如果是更大一些的商场，则在更上面的整层，你会再次感受到环境的变化。这里的摊位出售的东西是大多数美国人在近 20 年都没有看到过的零部件。想组装一台自己的电脑？这里有你需要的一切：机箱、电源、主板，你能想到的所有品牌、所有规格的内存，足够存储全世界的度假照片的硬盘。你上一次看到散热片是什么时候？或许从来没有？这里你可以成箱买，价格当然也很便宜。

这里没有戴尔或索尼的产品，但有很多“南亚”（Nanya）或“西部数据”（Western Digital）的东西，而它们其实正是为你的戴尔和索尼提供部件的公司。在中国，人们仍然自己组装电脑，美国人从 Windows3.1 出现的那一刻起就已经不这么做了。所以，这个区域的氛围更像是仓库而不是零售店。没有广告或主题，来到这里的客户很清楚要买什么，什么价格才划算。

与电脑零件仓库画面同样陌生的，是焊锡熔化释放出的烟雾和金属气味。人们用焊锡把电线和零件接在一起。他们拿着焊枪拆解、改装和维修，只要是带屏幕的电子产品都不在话下。在全世界有大型唐人街的城市，都可以找到这种商铺的小型版本。到处都是坏了的屏幕，收集起来足够重做美国一个城市所有建筑的玻璃幕墙。他们会笑着指给你看，看到产品背面的文字了吗，“内部零件无售后服务”（No user-serviceable parts inside）？**赛博数码广场的这个区域，比任何其他楼层，甚至比那些出售零部件的摊位，都更能体现数码产品对于中国人意味着什么：一种可以自由制作、修改的普通物件，毫无神秘性可言。**

这与现在的美国形成了强烈对比：动手制作东西在美国成了一种新时尚，常常被称为“创客运动”。美国的创客精神代表着一种对主流文化很复杂的对立态度，它更多地是一种社会思潮的信号，而不是单纯的 DIY 热情。创客运动包括设计和组装夸张的 DIY 产品，是对美国老式制造业的怀旧，往往只为手工艺鉴赏者提供小批量作品，突出形式感。然而，在中国，创客运动并非出于怀旧。

拥有一个代表品质的品牌，并保证价格能被人接受，在中国是非常重要的事情。去年秋天，我去住处附近的赛博数码广场买了一部 Mi4 手机，当时这是 Mi3 之后中国最火的手机。我是开完会后直接去的，所以看上去更像商人而不是学者。我来到二楼一家卖小米手机的商铺，柜台后面是一位女士。我这个高个子秃顶男性，一口带着美国中西部口音的洋泾浜普通话，穿着西装，可能唯一能让对方感到亲切的方式是，像动画片那样，口袋露出几张 100 元钞票来。我说想买最贵的中国手机。那位女士看着我，用英语说："别买那个，太贵了。"中国人的"便宜"方式就是这样：就连卖东西的人自己都觉得买贵的是吃亏。如果哪位读者下次在百思买遇到这种事，一定要告诉我。

显然，在中国很多的设计都是为了省钱。越便宜的手机越可能拥有双卡功能，这样用户就不用再花钱在不同的运营商网络间切换。电子市场里到处都是各种类型的视频、音频和网络切换器、转换器、分离器，因为人们舍不得扔旧东西，就变废为宝重新为其找到用武之地。**这种系统的丰富性，即高低科技、用户参与和厂商主导并行不悖，在这里是再正常不过的事情。**

这种普遍的制造能力是小米得以存在的原因之一。2011 年进军制造领域推出 Mi1，部分是因为小米为其他手机进行系统优化的所得实在有限，另外的原因则在于，让它在第一年活下来的极客热情，并不是全球普遍的。想一想，上一次你更换手机操作系统是在什么时候？对于一个一直从事软件行业的公司来说，想完成巨大转型，必须要进行新一轮的招聘，因为大部分创始团队都来自软件和服务行业。事实上，传言认为小米不可能自己做硬件，而是会找一个想扩大中国市场份额的合作伙伴，比如摩托罗拉或 LG，为其提供预装 MIUI 的手机。

小米手机的到来是个惊喜，同时也伴随着怀疑。正如一位分析师当时表示：“小米设备的成功概率注定很小，因为它只迎合一线城市的用户。我觉得这家公司对手机市场的想法太天真了。”甚至专门研究中国手机市场的人都不了解，消费者的偏好是如何这样快地完成了180度大转弯的。数以百万计的人想要的只是一部够用、够便宜的智能手机。

量能，搞定供应商的利器

不同于软件，推出新硬件品牌是一个“先有鸡，还是先有蛋”的问题：如果没有用户，厂家就不愿意为你生产。部分原因是任何一张订单都有双重风险，一是得不到回款，二是当三星的订单到来时，某尺寸的显示器、某数量的内存芯片等库存却被占用了。而且，同时接待多家小企业的成本要高于只接几个大客户。这些困难又会反映在硬件成本上。一个公司购买100块显示屏，创建测试模型，每块需要投入35美元；而如果一次购入10万块屏幕则意味着每块只需20美元。这为新品牌的进入制造了障碍。电子零件批发商强烈地偏好从几家大企业那里获得大单，而不是大量来自小公司的订单。

想克服这种困难，小米的办法是依靠线上的商务专长和初始市场的潜在规模。小型初创公司面临的问题是不确定性，预测需求是著名的零售业难题。利用与米粉互动的经验，小米能够在产品发布之前预售出手机，收到现金，让供应商放心。有了看得到的需求，小米还可以与零部件厂商进行价格谈判，做到一边销售，一边采购。电子产品的不断升级，意味着某些部件的价格每周都会下降1%～2%。另外，在线销售也使得手机可以分批次而不是持续地生产。这让小米可以制造和销售那些部件供应充足的手机。

所有这一切都让小米得以在成为一家全球性企

业之前，可以利用本地市场作为早期成长的温床。中国手机用户数量超过美国和西欧人口数之和。注意，不是后两者使用手机的人口数，而是它们的总人口数。近 90% 的中国成年人至少拥有一部手机，这是大多数家庭的情况。小米的崛起标志着中国市场进入了新阶段，不再是 20 世纪七八十年代以单纯的脱贫为目标。本地市场对廉价商品的需求出现了跨越式发展，甚至出口产品的质量也比以往更好、更有价值。今天的中国公司可以通过好设计在任何市场赚钱。雷军似乎决心要证明：中国不只有廉价品和仿品工厂，中国品牌也能做到让别人觊觎和崇拜。这种转变已经确确实实发生了，想想中国上一代还命运多舛，现在能做到这样堪称奇迹。

>>> 小米之道

小米的供应链

废物利用是中国历史悠久的传统，对于电子产品也不例外。不管多落伍的产品，只要有零件还能拆卸，就存在市场。这种传统使得电子行业的从业者，对于电子产品存在一种天然的“祛魅”现象，没有人觉得电子产品有什么神秘之处。以此为基础，随着制造体系的扩展，中国产生了很有自身特色的“创客运动”。在中国，从事产品设计时，是没办法基于市场上已存在的零部件开始设计的，你必须给出零部件的设计方案。

尽管这种产业格局能保证企业可以从源头开始设计，但也会使得负责制造的供应商屏蔽小企业的订单。小米之所以在初期能够克服这种障碍，很大程度上得益于自己的预售模式。巨大的预订量使得负责制造的供应商乐于投入资金改造生产线，生产小米的产品。

Xiaomi

小米之道

M 06

迟而猛，
中国商业趋势的规律

<<<

克莱·舍基

Xiaomi

视点

- 凯文·凯利基于金属的使用情况来衡量区域的技术水平，他发现中国仍有许多地区金属工具没有普及，建筑物完全是石头和木材构造的。

- 在中国，趋势出现常常晚于世界其他地方，但一旦有动作，速度就更快。

Viewpoint

Xiaomi

很难形容中国在第二次世界大战刚结束时有多穷，当时西方国家已经开始了持续30年的高速增长，最终让自己在经济上领先于世界大多数国家。解放战争结束后不久，中国开始将注意力转向对遭受日本可怕侵略和内战蹂躏的这个国家的重建。

很多在富裕国家已经普及的东西，如电话、广播媒体、电等，中国人直到上一代时才开始在全国范围内使用。对于中国人来说，区域高速公路系统20世纪80年代才大面积铺开，这一兴建热潮可谓史无前例，而且一直持续到现在。中国在21世纪第一个10年的头3年里消耗的水泥，比美国整个20世纪还多（66亿吨对45亿吨）。

可预期性，个人努力与生活水平

不过，市场的到来也导致了巨大的经济差距。位于北京东南边的大城市天津，人均国内生产总值是贵州大部分农村的4倍，这个差距几乎是美国康涅狄格州和密西西比州之间的2倍多。我工作的区域位于上海东部的陆家嘴，这里密布着经常出现在电影海报中的摩天大楼、豪华商场和名副其实的超级品牌店。上海代表着未来，科幻电影《她》（*Her*）和《环形使者》（*Looper*）都以它为背景。摩天大厦的外墙变成了电视，地铁线路密布，世界上唯一的商业磁悬浮列车每15分钟往返一次于市区和机场。交通创新是个永恒的课题。我的一个邻居就用电动独轮车上下班。然而，当我们将视线转移到其他地方时，情况就完全不一样了。我的朋友凯文·凯利（Kevin Kelly）曾深入到中国的内陆地区。他依靠金属的使用情况来衡量区域的技术水平，他观察发现，仍有许多地区连金属工具都没有普及，建筑物完全是由石头和木材构造的。

虽然存在这种不平衡，但各地中国人却拥有一个共同的“梦想”。它是几亿普通中国民众的个人梦想，它萌发于 20 世纪 70 年代。这种梦想的个人成分非常像美国，从对住房的痴迷，到所有市场经济中个体通常会有的那些强烈愿望，比如努力工作，生活就会改善，包括物质舒适性和有车有房。

中国的市场经济是人道主义的胜利。在过去，中国人普遍都很贫穷，然而，在短短一代人的时间里，这种情况已经大幅改善，贫困人口在总人口中的占比从 1981 年的 84% 下降到 2008 年的 13%。**对于几亿人来说，他们开始从温饱状态追求更舒适的生活方式。随着“中产”规模的壮大，发达国家的人所**

需或想要的任何物品从鞋到空调，都有了市场，而且是非常大的市场。如果你的产品能吸引到 5% 的中国人口，你的市场就相当于整个法国那么大。

在 20 世纪 70 年代中期，中国的交通状况非常糟糕，许多零部件的需求方无法在市场上找到自己想要的东西，而零部件的生产方又无法把产品运送出去。正是在这种情况下，个别乡镇开始自己生产机器零部件。这些所谓“乡镇企业”，成为当代中国第一批风云企业，从手头的资料看，它们还是中国这个出口导向型大国的第一簇火苗。随着中国政府努力重振铁路网，乡镇企业开始能够将产品运到稍远的邻近地区。

生产加上运输构成了经济的 2/3，但还要有用户，然而，当时的中国却没有，没有国内市场可言。国家征调和生产自己需要的重工业材料，而消费者需要的是生活必需品，如食品、服装、家居用品，而且价格要便宜。当时，一般中国家庭甚至买不起收音机，而中国乡镇居民用电直到20世纪90年代才真正实现。

如果你想对美国和中国本土经济进行比较，结果可能比尝试比较两国航空目录这种印在亮光纸上的“白日梦”还糟糕。滑稽的SkyMall最近因美国联邦航空局的一纸规定而破产了，该规定允许人们在飞机降落时继续玩手机游戏。不过，当年它们可是发现了一个大市场，让人们从登上飞机那一刻起，就能买到所需的一切。那么SkyMall都邀请美国人做了什么“白日梦”呢？一个宠物狗户外躺椅，带镜门的珠宝盒，还有手柄上有LED灯的剃刀。SkyMall是为某种文化准备的购物方式，在这样的文化中，中产阶层认为：“嗯，我可能需要一个俄罗斯方块灯或能充电加热的拖鞋。”中国的“白日梦”是不同的。面向中国人的航空购物杂志里满是电饭煲、婴儿温度计、煎锅、吸尘器、熨斗、削皮刀和雨伞等。这就像西尔斯·罗巴克使用的QR码。在这种文化中的中产阶层想的是:“嗯，我想我需要一套汤匙或一个烤箱。”

中产阶层的消费习惯

中国中产阶层的形成是21世纪初才出现的趋势，而且这个过程还在持续。我把家安在了上海浦东新区，同一社区的很多年轻人都是家族中第一个大学生、第一代使用不粘锅和婴儿练步车的人。在美国，我们印象中的舒适的中产阶层生活方式的形成，用了第二次世界大战后的几十年时间。这个国家却以完全不同的方式实现着社会现代化。在中国的大城市，收入增加、城市化、专业化、教育、物质享受、手机、社交媒体都在同一时间到达。你可能会在某个下午同时经历1955年、1995年和2015年。

起点低、基础设施落后和庞大人口，这些都给中国经济安上了一个奇怪的弹簧，这是事实。在中

国，趋势出现常常晚于世界其他地方，但一旦有动作，速度就更快。从小米在智能手机上的赌注就可以看得很清楚：在智能手机普及率还不到10%时，雷军和伙伴就看到了未来。2012年，在推出第一款手机仅仅一年后，雷军说："我希望到2013年2/3的中国人都用上智能手机。"中国用户的转化速度不逊于任何其他国家。他无疑是对的。

这就是中国梦，一部分体现了中产阶层信念，努力就有回报。中国实现了大多数国家的大部分人想要的：生活越来越好。这个梦想的另一部分，就是将个人成功和国家的强大相连。

中国梦作为民族自豪感的精致体现，在发展经济这个旧中国梦结束时登场。2014年，一个出生在20世纪70年代的中国商人对我说："我们是幸运的。我们年轻时，中国什么都缺，所以卖什么东西都能赚钱。但对于今天的年轻人，只有互联网仍然是这样。"

>>> 小米之道

小米与中国速度

起点极低、基础设施落后以及庞大的人口，这些都给中国经济安上了一个奇怪的弹簧。在中国，趋势出现常常晚于世界其他地方，但一旦有动作，速度就会比其他地方快。从小米在智能手机上的赌注就可以看得很清楚：在智能手机普及率还不到 10% 时，雷军和伙伴就看到了未来。2012 年，在推出第一款手机一年后，雷军说："我希望到 2013 年，2/3 的中国人都用上智能手机。"他无疑是正确的。

Xiaomi

小米之道

M07

制造对手，小米商业模式的启示与扩散

克莱·舍基

Xiaomi

视点

- 小米对传统制造业模式构成了挑战。旧模式从硬件开始，依靠实体店出售单品，没有用户参与。而未来任何有“芯”的产品都完全可以从服务开始，在线上出售。

- 与商业创新的经典规律相反，手机市场是少数几个好产品降价速度超过低价产品品质改进速度的市场。

Viewpoint

Xiaomi

»»

| 21 世纪，我们该如何做生意 |

面对中国人当前的通信需求，小米该如何应对呢？从商业角度看，它是设计、服务型全球企业的早期成功案例。对于大多数的小米用户而言，它是价廉物美的产品。对于“米粉”而言，小米代表青春活力、成功故事，而不只是廉价组装。对于投资者，小米是用几年就实现了 180 倍价值增长的企业。这无疑是很不错的成绩。这样说来，小米是另一个成功的科技传奇，和苹果、阿里巴巴、亚马逊、腾讯一样，一个告诉人们“今天我们如何做生意”的好例子。

小米也展示了未来这个世界将如何连接。手机是全球人最想要的复杂产品之一，远远超过汽车和电视机。手机也正成为连接世界上大多数人口的基本工具，成为面对面之外的所有交流、绘画之外的所有内容以及当面砍价之外的所有电子商务的入口。由于有了手机，发展中世界即全球大部分人口在过去 20 年终于连接起来。未来 10 年，他们中的大多数将丢掉计算机而仅仅保有手机。**虽然苹果发明、三星普及了智能手机，小米却向世界展示了如何在高端和低端之间创造一个市场，来满足迅速扩大的全球中产阶层的需求。**

从一无所有，到快速成为一家电子制造巨头，这一传奇的过程实在让人难以置信。尽管，其中的许多细节会渐渐地被人遗忘，但其成功的方式注定将长久地影响中国整个产业界。小米是一家 21 世纪的制造企业，我们将在未来几年看到更多类似的新型企业。**小米向用户和竞争对手显示出，对用户的**

一贯关注和持续的软件升级是非常好的企业战略。这也颠覆了整个产业的竞争方式，从用户几年升级一次的硬件竞争，到几天升级一次的软件竞争。数字设备成功的标志是软件可以使旧设备玩出新花样，这一成就从 PC、笔记本电脑移到手机，也因此将惠及全球每个人。然而，革命总有输家，在以“软件驱动、服务主导、线上销售”为特征的制造业新模式逐渐占优势的情况下，会产生很多输家。

在竞争最为激烈的安卓智能手机领域，苹果已经失去阵地。苹果当然不需要怜悯。从很多角度来看，它都是全世界最成功的企业之一。不过，苹果标榜的“做最成功企业和改变世界”的两个梦想，后一个将主要通过被人复制来实现。正如微软全面抄袭了苹果图形用户界面（GUI），苹果虽然推出了智能手机、触摸屏和应用程序商店，大多数人却只能通过苹果的竞争对手享用到这些产品。但安卓的 10 亿用户，iPhone 可能永远都抢不过来。

更加不利的是，2010—2014 年非运营商定制 iPhone 的平均价格从 702 美元跌至 657 美元，轻微下调了 6%。与此同时，非运营商定制安卓手机的均价从 441 美元降至 254 美元，下降 42%。安卓手机的成本平均是 iPhone 的 2/5。模仿是最真诚的奉承，但会影响被模仿者的生计。市场低价一端永远不会是苹果，小米的物美价廉让其他安卓手机厂商看到了可复制的模式。以更低价格提供更好硬件和软件，这种竞争也让苹果占领中端市场变得更难。

无论如何，只有坚持高端才能带来利润。对三星而言，小米扮演着更要命的角色。作为手机成本 - 质量曲线中间段的供应商和全球最大的手机制造商，三星在中国市场的份额却在萎缩。短短一年之内，三星全球的市场份额下降了 1/3，从 2013 年第四季度的 30% 下降到 2014 年第四季度的 20%。当然，这不全是因为小米，后者向全球扩张才刚刚开始。挑战三星的是那些“除了三星、诺基亚和苹果”之外的所有小制造商。小米是这个群体的首领，而三星所面临的风险是，这些公司已从小米学到了不少，让整体竞争更加趋于激烈。

被模仿，迅速跟进的“友商们”

作为拓荒者，如果足够多“其他”厂商开始复制它，小米也可能变成自身成功的受害者。这家企业拥有光明前景，因为质优、价廉的手机是所有人都想要的产品。换一个角度来看，其实是苹果催生了一个安卓市场，而小米则教会了其他企业在这个自己帮忙创造的市场上竞争。小米的公开诉求、依靠在线销售控制营销和成本的做法都不难拷贝。随着人们越来越富有，手机将从每个人的可选品变为必需品，这会使新市场的前景非常光明。印度、巴基斯坦、马来西亚、印度尼西亚、尼日利亚、肯尼亚、巴西以及墨西哥等国家都将成为未来的主要市场。**作为全球性的设计企业，小米要么亲自满足这**

些需求，要么教会竞争对手如何满足这些需求。

小米之后，我们很可能会看到一小群热情的用户为产品设计、调试和推广发挥重要作用，而中端产品的完美设计将在一个拥挤的市场中创造巨大价值。竞争对手已经开始用小米策略来进攻小米。华为、中兴等品牌也开始在中国大陆和台湾市场上提升设计和客户服务，强调在线销售。另一个拥有国际野心的中国手机品牌“一加”也加入了硬件竞争。它推出的第二款手机有个非常有趣的名字：一加 2（OnePlus 2）。该产品和 Mi4 的价格差不多，但存储空间更大，屏幕也更大。其他公司如魅族（Meizu）和酷派（Coolpad）则已打起了价格战。魅族最近模仿小米推出了安卓系统版本 Flyme OS，名字很耐人寻味。魅族手机也在努力用更低的价格提供更漂亮的设计，为自己争取一席之地，只是它的竞争对手不是三星，而是小米。魅族最近从阿里巴巴获得了投资，后者是中国最大的电商平台，小米之前利用这个平台主宰了整个“双十一”购物节的销售。酷派这家有 20 年历史的深圳电子企业，一直以来只为其他品牌提供硬件制造，即原始设备制造商，或称 OEM，最近它也推出了独立的手机品牌“大神”（Dazen），价格非常便宜，仅在线上销售。魅族和酷派已双双进入印度市场。

小米作为本土冠军的民族主义诉求也很容易复制。印度企业已对中国竞争者做出了反应。总部设在哈里亚纳邦的 Micromax 推出了新品牌 Yu 和手机 Yuphoria，它采用了安卓的精简版本 CyanogenMod。和小米一样，它们只在网上销售，不过是通过亚马逊，并依靠用户论坛宣传软件的快速迭代。除了 Yu，印度还有 Celkon、Obi 和 Wickedleak，后者是 Wammy 手机的组装者。当然，他们的硬件都来自深圳。这种模式也蔓延到发达国家市场。法国手机公司 Wiko，从概念到企业创立，皆始于创始人到深圳选购配件。Wiko 筹集资金时遇到了麻烦，投资者认为一家新的欧洲手机企业成功机会不大，所以最终投资的是中国制造商天珑移动（Tinno Mobile）。Wiko几乎可算是中国企业，拥有者和供应商都是天珑，但其轻薄的法式设计与营销让法国人以为它是一家本土企业，进而帮助它成为法国市场的第二大手机厂商（三星是第一）。这延续了“别处设计，中国制造”的模式，但这次不仅仅是采购和生产，企业所有权也已经转移到了中国。

当然，如此激烈的竞争是不可持续的。GSMArena.com上列出了103家手机厂商；你认识的人可能没有一位买过它们的手机，比如BLU Studio Energy、Parla Zum Bianco、Yezz Billy 4.7、Eten glofiish。鉴于“玻璃黑块”设计和触摸屏界面的垄断，全球手机厂商数量已大大过剩。与商业创新的经典规律相反，手机市场是少数几个好产品降价速度超过低价产品品质改进速度的市场。**未来5年，我们将目睹一波手机企业兼并和破产浪潮。对**

于苹果之外的任何企业，对小米进行某种程度的复制已经是生存必需。

在远离拥挤的手机市场的过程中，小米对传统制造业模式构成了严重的挑战。**旧模式从硬件开始，依靠实体店出售单品，没有用户参与。当然，未来仍会有部分产品沿着这种模式被制造和销售，但是任何有“芯”的产品，当它开始越来越广地扩展到所有物品，都完全可以从服务开始，在线上出售。**正如特斯拉，最贵的制造品汽车竟然也可以在网上出售，只有几个保守主义者还在努力让当地经销商免于这种竞争。在此处,中国也有跨越式的发展优势：商业基础设施刚刚建立，新的方式在中国总是能更快得到尝试。汽车公司戴姆勒决定用微信对其两款城市轿车发起限时抢购，结果 3 分钟内卖了 388 辆。想象一下如果在 Facebook 上做这件事会怎样。

通过展示一家中国企业可以兼有设计能力和全球理想，小米也预示了“别处设计，中国制造”模式的终结。小米财务上骄人的成功大到足以使人们重新考虑之前对制造企业的认知。通过在产品启动前与用户互动，小米能够在成长中获得设计建议和免费营销。**作为一家碰巧提供硬件的企业，小米以服务启动，有利于设计一个硬件管道，将系列产品的复杂程度维持在可控水平。通过对软件持续的低成本升级，能让一款硬件在市场上存在更久，这看起来似乎是小众做法，但在未来，不仅冰箱、电视和汽车，连外套、书桌和床都将有软件。**它将这个模式扩展到了其他产品，从运动监测仪、运动照相机，到大屏幕电视机，再到即将推出的无人机。所有这些产品都可以通过软件升级获得性能提升。

小米的销售模式也将被复制。各路“神仙”纷纷发起网上销售，首先是旅行社、音像店，然后是电子产品、书籍和游戏，现在已经扩展到了绝大部分零售业。销售员是最后几个不要求学历、培训即可上岗的职业之一。零售业自动化意味着未来你只能在实体店卖必须在店里出售的东西，或者纯粹为了线下购物体验而去实体店，比如去超市购买甘蓝以体验纯朴时光。小米并没有发明“仅在网上有售”的模式，但将实体零售成本和风险转嫁给了合作伙伴，这使得该做法的优势进一步凸显。如果明天你创立一家公司，销售只能在实体店出售的产品，你可能唯有自己开一家店面了。

在任何需要设计、最终产品可以联网的低端市场，小米模式都可以使用。虽然所谓“物联网”时代尚未真正到来，但很明显，其中的一个主要模式必将是小米模式：任何一台联网设备都能够从服务中产生足够的收入来弥补硬件成本。小米与著名的前100位用户不断互动、征求反馈意见，用“先导型用户创新”这种开放软件和运动装备领域的边缘策略，获得了对最复杂、需求最大的产品的功能的改进建议。小米标志着“先导型用户创新”作为有趣的边缘策略的终结，将逐渐成为主流。

对于中国，小米既是机遇也是挑战。小米证明了中国企业家参与设计、服务和用户满意度竞争的能力，极大地提升了中国在世界经济舞台的地位。不过，作为一家科技企业，小米的专利储备还存在很大不足。你可以从专利池的数字中感受到这种失衡：2014 年，小米申请的与手机相关的专利大约有 1 000 项；而爱立信拥有 3.5 万项，其中很多覆盖了更加基础的手机联网层面。小米也可能因为不肯发布某些在开源许可证保护下的源代码而受到起诉。

预测中国的未来注定是徒劳的。事情不是在某个下午 3 点，某个人发表一篇《中国即将崩溃》的文章，而另外一个人发表了一篇《中国：亚洲世纪的超级大国》那么简单。显然，各种可能性都存在。经济增长过快也往往导致过热风险。在过去 40 年里，两种威胁都真实存在，不过中国总是能及时恢复平衡，并让经济增长重回轨道。

我们可以预测，或至少注意到形势变化的基本逻辑。我们可以看到中国作为世界工厂的终结和它作为全球新产品发源地的崛起。我第一次意识到这一点是当我不小心买了一部 Mi3 手机，并因此突然地变酷的那一刻。中国企业，如海尔和格兰仕，都立志成为全球知名电器品牌。然而，对于小米而言，这会困难一些，它所处的位置非常独特，因为它同时提供简单硬件和复杂服务。

一个世纪是一个发明周期，人们发明了手机，发明了汉堡，这些东西反过来成为有用的衡量指标。我们不知道，我们的曾孙是否会认为今天是一个亚洲世纪，但与 20 世纪亚洲国家尤其是中国被严重地排挤在全球影响力的边缘相比，21 世纪显然和亚洲关系更加紧密。随着中国最成功的初创企业走向国际化，你能看到中国在努力平衡开放和封闭，你因此也在目睹上个时代的终结。**我们不知道这一切新连接的结果将如何，但对于中国和世界而言，我们至少可以断言："不知道旧模式是何时结束的，但现在它确实消失了"。**

>>> 小米之道

小米的闭环

小米作为一种新兴力量，以其颠覆性的商业模式，为中国手机制造领域带来了翻天覆地的变化。不过，小米作为一家企业而言，刚刚成立没多久，这使得它缺乏必要的技术储备和品牌粘性，而技术和品牌对于企业而言，往往可以产生一种巨大的“护城河效应”。缺乏护城河的保护，小米就必须加速商业模式的创新速度，提升经营效率，以拉大自身与行业对手之间的距离，从而保证对手的模仿不会对自己造成伤害。

“硬件、互联网和新零售”是雷军对于小米的未来规划，而这三大块业务实际上正好构成了一个闭环。它不但能够更充分地整合小米的资源，提升综合效率，还能竖起保护自己的屏障。

Xiaomi

附录 1

金错刀：小米逆转的秘密，就在这一张图里

太凶残了！

这是我看到有用户点评小米的一句话。

很多人都没想到，小米的逆转会这么快。雷军估计都没想到，据说他在内部预期小米的全面爆发会在 2017 年年底。节奏提前了半年。

2017 年第二季度小米手机的出货量达到 2 316 万台，季度出货量首次突破 2 000 万台，这是小米史上单季最好成绩。雷军在 PPT 上专门放了业内人

士的一句话："世界上没有任何一家手机公司，销量下滑之后能够成功逆转，除了小米！"

看看图 A-1 中的 2016 年，这应该是小米内部最痛苦、最黑暗的一年，销量陷入谷底，用户的期望陷入谷底，小米最为依赖的粉丝也在质疑。有说"小米药丸"的，有说"彻底对小米粉转黑"的。

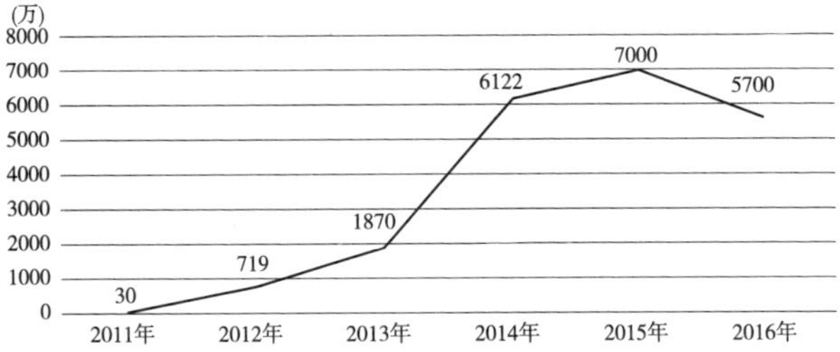

图 A-1　小米手机销量走势

小米 MIX 是一个转折点产品，最近小米发布了 MIX2，更是跟 iPhone8 正面较量。

一年的时间实现大逆转，为什么？

一年多的时间小米内部到底发生了什么？

什么是雷军最大的痛苦？

所有的答案，可以从小米内部的一张图说开去。

当然，关于小米模式，外部有各种解读，而且是图表式的（如图 A-2）。

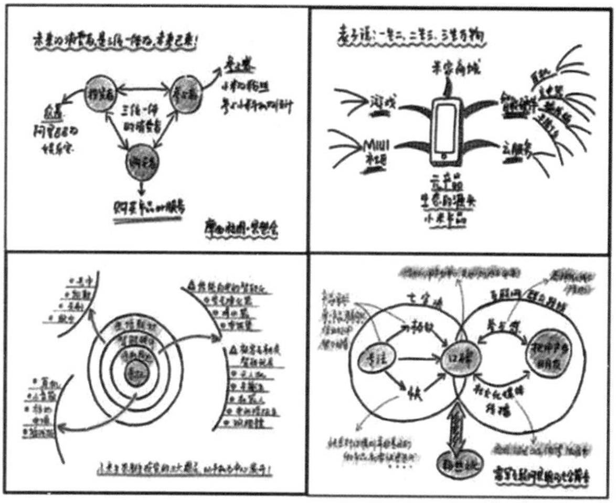

图 A-2　小米模式的外部解读

然而，这些大部分都是错的！

最近，笔者跟雷军深聊了一下，就从雷军手绘的这张图说起，我称之为小米模式 2.0（请看图 A-3）。我认为，小米从 2010 年到 2014 年的爆发式增长，源于小米模式 1.0。2017 年，小米的再次爆发式增长，则源于小米模式 2.0。

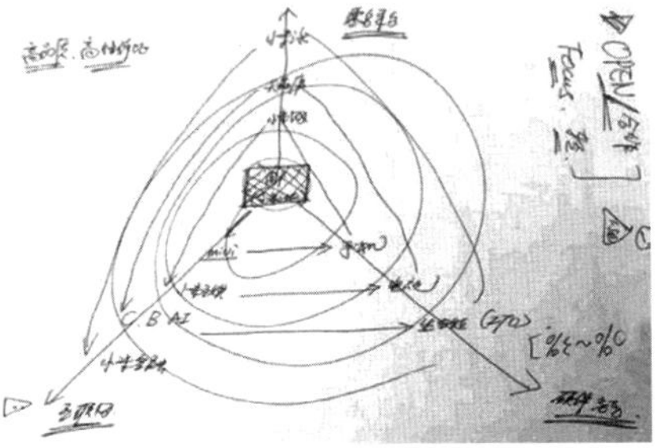

图 A-3　雷军手绘的小米模式 2.0

我问：什么是这两年来最大的痛苦？

雷军：说小米太不专注了。这是天大的误解。

要想看透这张表，看透小米模式的本质，得先从雷军这两年的痛苦说起。

痛苦 1：
手机很痛苦，是最关键不能输的战役

小米模式的本质，在内部，雷军称之为“铁人三项”。

铁人三项 1.0 如图 A-4。

图 A-4　铁人三项 1.0

图 A-5 是铁人三项 2.0，跟雷军手绘版基本是一致的。

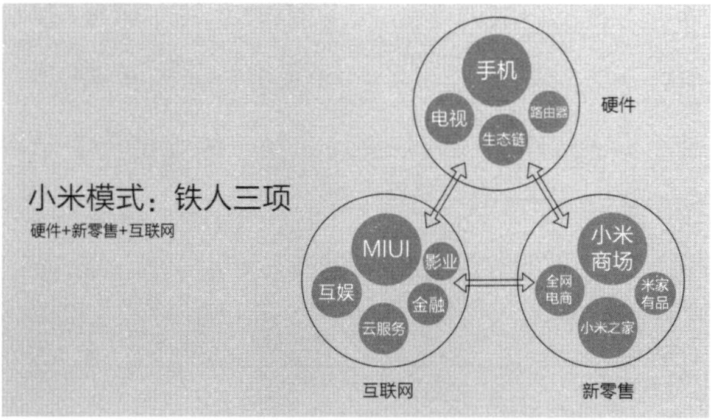

图 A-5　铁人三项 2.0

雷军说，小米模式这几年是在不断迭代升级，就像一个旋风一样，不断加进新的东西。

这也是雷军的一个痛苦，互联网巨头的流量碾压太生猛。雷军说，小米模式很复合，用复合来面对巨头的碾压。

在这个链条中，雷军最痛苦的是手机。

手机是核心，手机是支柱，手机是“硬件”链条旗舰，手机是绝对不能输的战役。

2016 年，小米最大的一个危机，就是两次缺货，每次 2～3 个月。雷军亲自挂帅手机供应链部门，找了十几个供应链大牛，同时在供应链、硬件产品、销售三大部门组建起了能够紧密协同的参谋团队，对手机供应链和小米内部产供销一体化进行了一番较大的升级。

我认为，小米模式 2.0，在小米手机上的重大升级是：

- 供应链升级

这方面代价巨大，雷军说手机本质上是“海鲜”

生意，现金量巨大，订货需要提前4个月，库存周转要求很高，稍有不慎就是万丈深渊。这方面，雷军已经讲了很多。核心就是质量和交付。变成一句话，就是砸钱，砸人，砸系统。

- 爆品级的技术创新

小米在技术创新上，越来越猛，也在于雷军选择了一个新的模式：爆品级的技术创新。有的公司是，1个产品线投1个亿做研发，投10个产品线，可能一共卖1 000万台。小米基本上是投10个亿在一个爆品研发上，单品销量就能过1 000万台，但效率极大提高。小米MIX、Mi6在工艺上不断提升，不仅在砸钱，而且在新模式。最重要的是，MIX作为一个能量产的概念机，硬是打爆了"全面屏"这个品类。最近小米MIX2发布，屏占比超95%，而且可以大规模量产。

- 品牌升级

小米品牌的升级，本质上，我认为就一句话：

从发烧到酷。小米公司的说法是，从“为发烧而生”，升级为“探索黑科技”和“一面科技，一面艺术”。既是唤醒、巩固基本盘，也有拉新、赢得女性用户群等新群体。这是从细分到大众主流的必修课。换句话说，是小米如何在全球手机大玩家中找到自己的位置，苹果是“设计感”，三星是“时尚感”，小米是什么呢？黎万强休假后回归小米，找到的灵魂就是：酷。这符合小米，也符合雷军的感觉。如果说，小米品牌 1.0 是参与感，小米品牌 2.0 就是酷。小米也开始在线下打品牌。Mi5X 就是针对线下，一手抓爆品，一手抓明星吴亦凡。用小米内部的话讲，叫打穿打透。

痛苦 2：
小米杂货？新零售的痛苦

小米被贴上的一个最狠的标签是“杂货铺”，意思是在小米网和有品商城（原“米家有品”）等小米系的电商体系中，什么都卖，连毛巾都卖，太不高科技了。

这是雷军另一个很大的痛苦，天大的误解。我看，有行业人士和投资人也说，小米的未来要做减法。

这完全不在一个频道上。

新零售的本质，就是如何打造线上和线下同样的高效率。换句话说，就是让农村和北上广等大都市都能用同样的价格买到同样价格厚道、品质过硬的产品。

小米模式 1.0，就是把手机电商干好，干到中国第一。

小米模式 2.0，不只是手机电商，而是一个零售漏斗模型。

- 漏斗一是米家有品，现在改名为有品，较量的对象是网易严选。主打选品模式。大概会有 20 000 个 SKU，有小米、米家，小米生态链企业自有品牌（比如云米滤水器等），第三方品牌等，目标是做到 100 亿。

- 漏斗二是小米之家，主打线下店，较量的对象是华为、OV 的线下店。小米之家大概会有 200 个 SKU。小米是把线下门店当做爆品打造，每平方米的坪效是 27 万人民币，目前排在世界第二。目标是三年开到 1 000 家，五年内营业收入力争破 700 亿。
- 漏斗三是全网电商，主攻外部流量。就是天猫、京东店。销售额不低，“双十一”、“618”都干到第一。
- 漏斗四是小米网。这是小米自有流量的核心。大概有 2 000 个 SKU。2015 年销售额 780 多亿，大部分来自小米网。

靠什么驱动这个漏斗，就是靠爆品战略。雷军说过：爆品意味着流量，意味着口碑，意味着销售额，意味着高效率。

仔细看小米模式 2.0 这张表，小米的自有流量是很可怕的，这也是新零售的一个关键指标。

高效一定来自直接。

痛苦3：
生态链加法的背后？流量的痛苦

不仅是雷军，所有的大玩家最终极的痛苦，就是：流量。

互联网+本质是什么？

是流量黑暗森林。

UC创始人何小鹏有一次说，打击创业公司，巨头惯用这七招。

- 邀请创业公司产品团队进行交流或访问。
- 以相同的定位，复制并推出产品。
- 使用渠道优势大量推广，占领市场。
- 高薪挖人，破坏团队稳定性。
- 挖角合作伙伴，破坏生态链。
- 破坏创业公司商业模式。
- 打击创业公司员工、投资者、行业信心。

被BAT吊打过的周鸿祎留下了心理阴影，他说：“在你没成长为藏獒时，少叫，多干事。”

为什么，巨头的流量封杀太可怕了。

BAT 就是掌握这中国互联网流量的入口，要想成为千亿美元级的互联网公司，最大的痛苦就是如何掌握流量入口。

雷军对这个流量黑暗森林有着非同一般的认识，甚至鼓励高管学习《三体》。

有人说，小米掌握着中国移动互联网 1/4 的流量。

雷军如何破?

就是靠生态链的加法。有两大核心：一是互联网入口级流量，这个要靠高频的行为，在小米模式 2.0 图表里，核心是 MIUI。围绕着 MIUI，还有金融、互娱、影业、云服务、大数据，这都是高频的入口级流量。米聊没起来，如果起来了，会更狠。二是组合低频流量，把它形成大规模的流量旋风。小米最核心的产品是手机，用户购买是低频行为，如果小米网和小米之家只卖手机，这是很痛苦的。无论线上下，你不可能让用户经常买手机，否则流量成本太高、效率太低是难以继为的。怎么办？只有靠扩充品类，完善丰富产品组合，形成大规模的流量。

小米生态链产品，两年多时间，好几个全球第一，手环做到了世界第一，空气净化器世界第一，平衡车是世界第一，充电宝是世界第一，扫地机器人也是世界第一。

大量优秀产品的组合，带来了惊人的流量整合效应。各地的小米之家，任何时候都人头攒动。每次进去，用户都能迅速找到心仪的产品，而且价格厚道，可以闭着眼睛买，而且总价肯定不会有压力。所以，小米之家是罕见的提供“购物框”的开架消费电子专门店，甚至被人评价成“成年人的糖果店”。

这说明这套生态链的打法很生猛，但大多人看不懂。

雷军说，我也没必要让所有人看懂。

我是想，让所有创始人都能看懂，甚至能有所学习。

雷军最大的痛苦：被批“小米太不专注了”！

其实小米专注的是图 A-6 这张“旋风图”。

小米模式 2.0，这个是最关键的一张图！

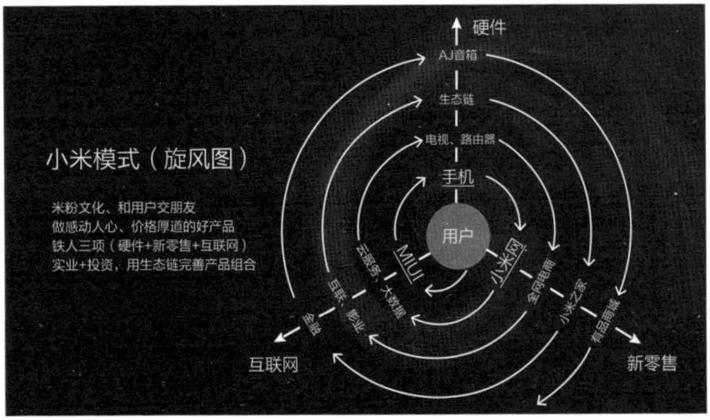

图 A-6　小米旋风图

小米这个商业模式的确是新物种，跟过去所有模式都不太一样。

如果，非得找一个类似的，小米更像亚马逊。就是因为，亚马逊的核心竞争力，本质上跟小米这个“旋风图”很类似。

我已经，分析了一下小米模式 2.0 的三大支柱：

硬件、新零售、互联网。其实，这也是雷军的三大痛苦。

那么，什么是驱动这三大支柱的动力源呢？什么是小米模式 2.0 的核心竞争力？什么是雷军骨子里最坚信的原点？

小米旋风图上写的是用户。

其实，要想洞察旋风图的真正核心，就要看看雷军在哪方面工作中花的时间最多，甚至成了他对高管拷问的核心。

小米本身专心做好的，是围绕用户最紧的几项，手机、MIUI、电商渠道。随着旋风图外延不断扩大，小米通过投资和协作，组建起庞大的综合生态“舰队”。

其实，小米、顺为现在已经投资了 300 家左右的公司，再加上小米手机、小米电视、小米路由器、小米生态链产品等。

雷军如何让这几百个创始人统一思想、专注地做极致爆品，想想都挺痛苦？

好多创始人也在私下问我，小米有什么系统性打造爆品的秘密武器?

说实话，我也一直在找，跟小米体系的好多创始人深度聊过。也当面问过雷军。

还真有!

这也是雷军跟旗下几百个创始人每次见面沟通、拷问的核心。也是小米这家公司的信仰。

内部简称为“小米之道”。我大概总结了下，未经雷军本人确认。

小米之道的这几条，真的做到是有难度的。

- 第一条是“以用户为中心”。坚持“真诚+热爱”，一切纷至沓来。
- 第二条是“只做感动人心、价格厚道的产品”
- 第三条是“要么不干，干就干到极致”。
- 第四条是“克制贪婪，用户才会产生强信任。”

“克制贪婪”是最难的，也是竞争对手最难学习的。

什么叫克制贪婪? 就是少赚一点，大幅砍加价率，控制毛利率。比如，能不能把毛利率控制在20%，把利润率控制在5%。

为什么要克制贪婪？这是小米模式2.0的核心，就是获取用户的强信任。

小米这个新物种，从竞争的角度来看，最大的外部挑战是流量。从整体来看，最大的挑战是用户的信任，而且是强信任。

当然，小米最强大的核心竞争力，就是围绕用户的信任展开。这就是小米模式的本质。

雷军说，小米是手机公司，也是移动互联网公司，更是新零售公司。我认为，小米是一个以“硬件产品+服务”为核心的爆品旋风公司。

靠这个小米旋风，雷军在2017年的目标是1 000亿，2018年要挑战1亿部手机。接下来……

小米模式2.0，这么复合，这么高效，这么生猛。雷军是如何设计出来的，靠灵光一闪，靠英明伟大？

不是。

我想到雷军说过的两个词：一个“顺势而为”。一个是“不得不”。

不得不的背后！

这是未来生意的密码！

Xiaomi

附录 2

雷军：小米的“铁人三项”

（雷军在 2017 天下网商大会上的讲话）

大家好，我和大家一样，参加网商大会很激动，感谢阿里给我这么一个机会。

小米是一个非常年轻的公司，转眼 7 年过去了。回首这 7 年的创业史，其实还是有一些小成绩的。

小米作为一个创业公司，以十来个人、七八条枪开始创业，而且进入的是一个竞争极度激烈的市场。这里面有苹果、三星、华为、联想，高手如云。

一家小小的创业公司，只用了两年半时间，成为中国第一、世界第三，其实今天想起来，都觉得有点不可思议。就是这样的不可思议，创造了第二个奇迹：这家小公司创办 5 年，就做到了年收入超过 100 亿美元。这是人类商业史上的奇迹！那么这个奇迹的背后是什么呢？说一个比较俗套的话，就是创新！非常感谢这个时代，很多人认可了小米的创新。波士顿咨询公司曾发布了世界创新 50 强，小米非常荣幸地入选了，同时入选的还有另外一家中国公司。FsB 也公布自己的世界创新 50 强排名，有 6 家中国公司入选，小米也在里面。

那么小米的创新到底是什么？小米最首要的创新当然是核心技术的创新。它创新了哪些东西呢？我简单讲几句。第一个是小米 MIX，小米 MIX 是全球首款全面屏手机，全面屏做到了 91.3%。我相信大家今天看了很多的新闻，其他公司现在都在做全面屏手机，显然小米这家年轻的公司，引领了全球技术发展的潮流。小米是依靠什么掀起这个潮流的呢？是我们在几年前就开始对核心技术源源不断的投入。在我们发布的小米 MIX 上，小米拥有 102 项发明专利。我之所以举这个例子，是因为听说苹果也要发全面屏手机。显然，小米这么年轻的中国公司，在这一件事情上引领了世界发展的潮流。

再说到手机工业里面最核心的手机芯片。我也很荣幸地跟大家说，经过 3 年的努力，今年小米 2 月发布了澎湃 S1，这是继苹果、三星、华为之后，第四家拥有高端芯片研发制造能力的手机公司。其实这件事情真的非常不容易。第一代芯片发布以后，我真的没有想到能受到这么多用户的支持。他们的评价是什么呢？他们说这颗澎湃 S1 的芯片用起来真不错。其实那一刻我心里也挺激动的。

总结一下：我在屏幕上印了一张表，2016 年全年小米在全球范围内申请了 7 071 项专利，获得了 2 895 项专利，其中一半来自于国际市场。这一个数字应该强有力地说明了小米的创新力。当然，光有产品和技术是不够的，我认为小米在过去 7 年取得成绩，还有一个很重要的原因是商业模式的创新。那么小米的商业模式是什么样的呢？我画了一张简单的图，因为很多人觉得看不懂小米，所以我一直在想，该怎么来介绍我们的商业模式呢？我觉得我们的商业模式跟大家理解的手机公司非常不一样。

首先，我们实际上是一个“铁人三项”的公司，从创办之初我们就在谈铁人三项，我们做硬件产品，做手机、做电视、做扫地机器人，做很多有趣的硬件产品；同时我们也做互联网；还有一个非常非常重要的环节就是，我们做电商，做新零售。我待会儿会讲为什么是这样的商业模式？和大家一样，我们于 2011 年就在天猫开了旗舰店。其实就是铁人三项的商业模式造就了小米的成功。我展开讲一下小米商业模式的想法，那就是用“互联网 +”的思想来做手机，做感动人心、价格厚道的产品。可能大家会想互联网和做手机有什么关系？我认为互联网是一种全新的思想和全新的方法论。那么我对互联网精神最重要的两个理解是什么呢？是极致的用户体验和高效率的运作。这是“互联网＋”最核心的两点。其实做互联网跟传统生意最大的差别是对用户体验的理解，就是你怎么能让用户体验变得更好，形成正向的口碑，能够大规模地传播。那么极致的用户体验是怎么做到的呢？在互联网时代，最重要的是互联网给我们带来了一个非常好的工具，让我们能够倾听用户的声音，快速反应，让用户参与进来，让用户的意见能够在产品中得到很快的体现，这是客户体验的源泉。

举一个小例子，在小米刚开始的几年里面，我们在小米论坛里面收到了 1.5 亿条意见。这些意见搜集进来以后，怎么归纳，怎么整理，怎么有效地运用，其实都是难题。我在很多场合介绍小米模式的时候，都打一个小比喻。我说小米模式其实就是群众路线，就是怎么把大家发动起来。互联网是非常先进的工具，你把大家发动起来，然后怎么搜集整理大家的意见，从群众中来到群众中去，这个才是互联网真正的魅力。除了搜集大量的意见以外，我们还发动网友参与到整个小米的建设中。MIUI 在初期时，20 多种语言的版本全是网友义务帮助小米做的。这一切都使小米一上来就具备了很强的竞争力。

我跟大家介绍的第二点是高效率的运作。这一点要感谢阿里，正是它推广了整个电商的概念，提高了整个社会对效率的理解。我认为在整个传统的渠道里面，电商的效率是无可质疑的。改善效率的核心要全过程地改善效率。电商对于整个流程运转的效率至少占了一半以上。在这里，我以小米手环为例。

随着消费升级，随着社会的进步，喜欢运动的人越来越多。3 年前，我们做了一个手环。针对市场需求，我们的手环有几个技术上的突破点：

1. 当时，国外的手环一般只能用5天，不防水。我就说，我们能不能做一个能用60天的，能不能做一个防水的，哪怕洗澡都可以带着的。使用时长大幅度增加，用户的体验就会很好。因此，我们首先想的是怎么把这个产品做好。

2. 利用电商平台，我们把这么一个手环卖到了79元，而当时国外品牌一般卖人民币1 400元。

就是这两招，用电商提高效率，认真把产品做好，两者结合。2017年一季度，小米手环已经在世界上排到了第一位。其实，小米的核心就是既做产品、做电商又做互联网。很多人可能会说，小米为什么采取这么复杂的商业模式？大家想一想，那么多大公司，竞争非常激烈，小米作为一家很小的创业公司如何杀出重围？我们在2010年创办小米时就讲过，我们要用商业模式的复杂性来突围。太简单的商业模式很容易被巨头碾压，你必须设计出足够复杂的商业模式，用勤奋来形成新的壁垒和护城河。

当然，这也使得很多人不了解小米是一家什么样的公司。首先，小米是一家手机公司；其次，小米是一家移动互联网公司，因为智能手机就是整个移动互联网的入口；更重要的是，小米是一家电商公司。这是很多很多人不了解的地方。假如把这个商业逻辑理顺了，大家就能理解小米做的所有事情了。

电商是零售业的一种，如果想进一步地增长，最重要的是如何利用电商的技术和电商的方法论推动零售业的变革，实现线上线下的联动。在尝试之前，很多人跟我说你千万别开实体店，现在房租涨价，店员的薪水很高，最后你会亏得一塌糊涂。我真的被大家吓死了，觉得实体店是干不下去了。然而，在 2016 年年初时，我还是想试一试。我们既然用互联网的方式做了手机，我们为什么不能用互联网的方式做零售呢？这就是我想做“新零售”的决策背景。2016 年我们开了第一家“小米之家”，到今天为止，开了 137 家。在这里我跟大家汇报的是什么呢？真心不吹牛，叫开一家火一家，今天小米之家的坪效世界第二。世界第二是什么概念呢？是跟我们国内领先的零售店比，我们的坪效是20倍以上。我们能做到用电商的成本做零售，我认为“新零售”的本质就是高效率。如果传统零售业能做到电商的效率的话，那这个世界会变得更美好。

小米之家有多火呢？我们又在印度开了一家！在印度呢，我们找不到特别好的合适的店面，只是在一家商场里面找了一家位置不好的50平米的店，开业第一天来了10 000人，整个街道全部堵塞，第一天卖掉了5 000部手机。从这之后每天卖500部，基本上店面的销售情况就是这样。

这里我想分享的是为什么这么火？很多用户觉得去小米之家买东西可以闭着眼睛买！这对一个零售商来说其实是莫大的肯定。

对商场来说，他们会说小米之家是他们最火的店。基本上在我们进驻的商场里，小米之家都成了销售量最大的店。北京的五彩城，自 2016 年开业仅 10 个月，我们在地下一层只拥有 250 平方米，而整个商场是 10 万平方米。店长跟我说："我们的销售额占整个商场的 10% 左右。"2017 年年初他们给我颁了一个奖叫"全优之星"，因为我们流量最大、销售额最高。

小米之家的新零售是怎么做到的呢？这也是我希望跟各位网商分享的。在互联网效率为王的时代，首先你有没有能力做出爆品，这是最关键的。因为爆品就意味着流量，就意味着口碑，就意味着销售额，就意味着效率，所以怎么做出爆品是互联网时代里面最重要的事情。今天的世界信息爆炸，如果不是爆品，消费者可能根本关注不到你。

比如 2017 年发布的 Mi6，变焦双色拍人更美，产品发布以后口碑非常好。当然由于它使用的工艺过于复杂，现在量产遇到很大的困难，不少消费者在批评我们。在这一点上，我们在改进交付。

除了小米手机系列以外呢，其实充电宝，我们也是世界第一。空气净化器也是世界第一。平衡车我们也是世界第一。扫地机器人的销量我们也是世界第一。我们拥有了十多种中国第一，五六种世界第一这么多好产品。小米为什么做这么多产品？这也是很多人焦虑的，或者很替小米担心的。在座的各位是做网商的，如果从零售角度上讲，我的店里只卖手机，这是一个低频应用，用户可能两年才来一回。这就意味着我要砸非常多的市场费用，意味着整个销售效率很低。所以小米零售的核心是什么呢？是合适的产品组合。当然，做这么多产品怎么能把产品做好？怎么把产品的品质管控好？这是一个天大的挑战。小米在 4 年前推行了一个计划，是把大船改成舰队，推进了生态链计划，孵化了 90 几家企业，每一家企业都是按小米模式做的。所以小米其实是一个企业群，它不是一家企业，每家企业专注只做一件事情。高度的专注,保持非常高的水准,这就是今天的产品组合。

消费升级的第二个核心是什么呢？是设计升级。在这个颜值即正义的时代，我们怎么把产品做好、设计做好是关键。小米的设计到什么水平呢？我们今年获了两项设计大奖：一项是红点的最佳设计大奖；另一项是德国 IF 的设计大奖，这两个都是非常难拿的奖项，每年的获奖企业数量都很少。

说到设计大奖，我们过去获了 140 项国际设计大奖。在新零售时代，颜值的重要性被提到了非常高的高度。

消息升级的第三个核心是高性价比，那么，高性价比，小米是怎么做到的呢？这要感谢小米的铁人三项的商业模式。我是这么理解的，消费升级不是产品卖得越来越贵，消费升级是同样的价钱，你能买到更好的产品。它的性能很好，品质很好，设计很漂亮。因为小米在创业之初就定了贴近成本定价的策略，这样使我们能够做出高品质、高性价比的产品，然后通过服务大量的客户，依靠互联网来盈利。

我们再来看一下，当我们从电商升级到新零售之后，我们做到的结果是什么呢？我们能用和电商一样的产品，一样的价钱，进入了线下店。所以我建议所有网商都开家店去试试。其实用你们掌握的先进的零售思想，足以把你的线下店弄得非常火。当然这里面涉及很多技术的要素，怎么通过线上往线下引流？怎么通过线下往线上引流？用线上的什么工具改善零售业的效率？这个太技术，有机会我可专门说一说小米在这方面是怎么做的。对于这一点，我只告诉大家一个结果，从小米内部的实践来看，我们线下连锁的效率跟电商非常接近了。我觉得只需要再过一段时间，达到电商同样的水平是有可能的。小米作为一个新零售的公司，我认为我们在战略上已经验证了新零售的可能性。对于小米的商业模式，我换一种更通俗的话讲就是：小米要做科技界的无印良品，用互联网的技术和方法做线下零售，丰富的产品组合，保持高品质、高颜值、高性价比的产品特性。这些东西穿在一起，构成了小米模式。

刚才，我们做了一个小调查，想看一看诸位有多少人用过小米，结果很令人兴奋。这说明什么呢？说明小米代表未来，小米代表高品质，小米代表生活化。7 年前我办小米的整个目的是什么？因为我在 10 年前已经退休了，在我 40 岁的时候我突然想我的人生不能就这么过去了，我得做一点让自己自豪和激动的事情。一开始我是做软件和互联网的。随后，我在 2000 年的时候创办了卓越网，那是中国第一代电子商务。所以我就在想，中国的产品到底遇到什么问题了？为什么商店里没人？为什么我们的产品卖不出去，为什么大家都到海外去“买、买、买”？我们出什么问题了？我认为我找到了问题的所在，我认为中国有很好的制造能力，中国有很好的工匠和工程师、设计师。那么我们为什么产品做不好，为什么消费者不满意？其实本质出在商业效率低下。我们的任何一个产品走到零售店的时候，都需要最少加 100%，甚至 1 000%、2 000% 的价钱。女装 8 倍，女鞋 5 到 8 倍，化妆品 20 倍，相比而言，我觉得电子消费品还不是严重的。我们想一想，做这个产品的成本只要 100 元，而售价却 1 000 元，你觉得消费者傻吗？在 7 年前，正是这样的零售效率、商业效率使中国的国货评价不高。经过小米这 7 年的创新，至少今天用国产手机的人多了吧？反正 7 年前我从来没用过国产手机，周围的人也没有用的，是小米带动了行业的进步。小米不仅推动了手机行业的进步，甚至把空气净化器做的又好又便宜，把充电宝做的又好又便宜。因此，其实我们推动了各行各业的进步。

在这里的话呢，小米的整个生态链也是开放的，也欢迎更多人，我们一起推动新国货的进展。

最后，我想跟大家说一个结论，我是觉得电商也是属于新零售的一种。我觉得，我们对于零售行业的创新，才刚刚开始。就像阿里干的无人超市，未来会出现各种各样的创新。我相信，随着零售业的进步，随着零售业的革命，整个中国社会会变得越来越好。

今天中国零售业遇到的困难，其实 60 年前美国零售业也遇到过。当时，美国任何一个商品进商店价格都得翻一倍。沃尔玛的创始人正是看到了这样的机会，克制贪婪，把毛利率减到 22.5%，坚持了 20 年后成为世界第一，接着又坚持了 40 年。而美国的 Costco 则更疯狂，比沃尔玛还极致。网商都应该研究一下沃尔玛和 Costco 的历史。研究之后，你就能更深入地发现今天的问题其实就是商业效率的问题。Costco 的企业信条是任何商品的加价率控制在 1% 到 14%。如果要超过 14%，就需要公司CEO和董事会批准。在Costco创办的30年里，董事会从来没有批准任何一个商品的毛利率超过14%。正是这样的精神赢得了消费者的信赖。前不久，我看了一下Costco的市值和它的PE，它的PE是30多倍，跟谷歌是一样的。因此我认为，像Costco这样的零售商其实就是互联网+的企业。它们满足了互联网企业所有最核心的理念。虽然它们看起来“最不互联网”。

Xiaomi

附录3

雷军：小米成功逆转，恢复高速增长

（2017年7月7日雷军内部信）

小米同学们，大家好！

今天下午，公司举办了手机业务誓师大会，我在会上发布了一个好消息：2017年第二季度小米手机出货2 316万部，环比增长70%，创造了我们季度手机出货量的新纪录，这意味着经过两年的调整，小米重新恢复高速增长！

这是小米发展史上意义非凡的重大胜利！世界

上没有任何一家手机公司，销量下滑之后能够成功逆转，除了小米！我们为什么能够逆转？

第一，始终坚持技术创新，以用户为中心推动精细化管理。过去几年，我们持续加大了研发投入，硕果累累。2017 年 2 月发布的澎湃 S1 芯片，突破了手机芯片核心技术。我们还在相机、屏幕、电池等几个核心器件方向上不断死磕，也获得了不少成绩。4 月发布的小米 6 的光学变焦双摄的出色的拍照效果，5 月发布的小米 Max 2 的长达 31 天插卡待机的续航表现，这都是我们技术实力的体现。我们去年在全球申请了 7 071 项发明专利，获得了 2 895 项专利授权，其中一半是国际发明专利。

2017 年年初，我亲自牵头质量委员会，经过十多次专项会议的讨论，制定了翔实的质量行动纲要，并组建质量办公室负责专门督办！我们的目标是用品质的铁拳赢得市场！

过去一年多的销量不理想，主要是两次长达几个月的严重缺货。这是小米创业以来最严峻的挑战，也是我们补课的重点。2017 年第二季度出货量证明了我们的交付能力在逐步提高。

第二，新零售模式升级，线上线下成功联动。小米作为一家互联网公司，电商是我们的立身之本。在线上，我们持续改善小米商城的购物体验，同时重视和其他平台合作，比如说，2017 年的“6·18”，我们在天猫、京东、苏宁三平台都拿下手机销量冠军。

在线下渠道建设方面，截至 2017 年 7 月 7 日，小米之家全国开店的数量已达 123 家，而且开一家，火一家，坪效在业内遥遥领先。7 月 8 日当日，预计将再开 14 家店！

第三，三年投入终见成效，国际业务爆发成长。经过三年坚定的投入和不懈努力，2017 年捷报频传，这是小米国际化业务全面爆发的元年。

印度市场表现尤其突出，今年上半年我们的业绩同比增长 328%，市场份额已经排名第二，小米品牌成了印度最受欢迎的手机品牌，红米 Note4X 成为当地最畅销的手机。同时，我们在印度尼西亚、俄罗斯、乌克兰等国家都取得了优异的成绩。

角逐国际市场，是智能手机崛起、三四线市场换机潮之后，中国手机行业的第三波风口。抓住这波新风口，也是小米真正走向全球科技行业舞台的开端。

我们为什么能够逆转？本质上是小米模式和小米价值观的胜利！

小米创办 7 年来，无论是早期震惊世界的超高速发展，还是经历战略调整后的再度崛起，都充分证明了小米模式强大的生命力。

只要我们始终坚持和用户交朋友，始终坚持做感动人心、价格厚道的好产品，始终坚持“真诚与热爱”的价值观，必然能赢得用户，赢得市场！

今天的成绩来之不易，感谢米粉们长久以来给予我们宝贵的信任和认可，感谢所有合作伙伴的鼎力襄助，更要感谢小米 13 000 多名员工的浴血奋战，以及员工家属们的理解与支持！

手机市场的竞争依然惨烈，我们的征途才刚刚开始，要想保持持续的增长，我们必须始终坚持小米价值观，不断加大技术创新的力度。要让工程师们大胆去想，放手去做，对于探索，我们不设边界，对于投入，我们不设上限。未来一年，我们在手机业务上还需要招募上千名研发人才，进一步壮大创新力量。

2017 年年初，我就告诉大家，最坏的时候已经过去了，并定了一个“小目标”，销售破千亿。目前看来，今年实现的把握很大。小米的新篇章才刚刚揭幕，已经预示了风光无限的未来。我们的征途是星辰大海!

现在，我们再加一个“小目标”：明年手机出货量破一亿台!

未来，属于终身学习者

我这辈子遇到的聪明人（来自各行各业的聪明人）没有不每天阅读的——没有，一个都没有。巴菲特读书之多，我读书之多，可能会让你感到吃惊。孩子们都笑话我。他们觉得我是一本长了两条腿的书。

——查理·芒格

互联网改变了信息连接的方式；指数型技术在迅速颠覆着现有的商业世界；人工智能已经开始抢占人类的工作岗位……

未来，到底需要什么样的人才?

改变命运唯一的策略是你要变成终身学习者。未来世界将不再需要单一的技能型人才，而是需要具备完善的知识结构、极强逻辑思考力和高感知力的复合型人才。优秀的人往往通过阅读建立足够强大的抽象思维能力，获得异于众人的思考和整合能力。未来，将属于终身学习者！而阅读必定和终身学习形影不离。

很多人读书，追求的是干货，寻求的是立刻行之有效的解决方案。其实这是一种留在舒适区的阅读方法。在这个充满不确定性的年代，答案不会简单地出现在书里，因为生活根本就没有标准确切的答案，你也不能期望过去的经验能解决未来的问题。

湛庐阅读APP：与最聪明的人共同进化

有人常常把成本支出的焦点放在书价上，把读完一本书当做阅读的终结。其实不然。

时间是读者付出的最大阅读成本
怎么读是读者面临的最大阅读障碍
“读书破万卷”不仅仅在“万”，更重要的是在“破”！

现在，我们构建了全新的“湛庐阅读”APP。它将成为你“破万卷”的新居所。在这里：

- 不用考虑读什么，你可以便捷找到纸书、有声书和各种声音产品；
- 你可以学会怎么读，你将发现集泛读、通读、精读于一体的阅读解决方案；
- 你会与作者、译者、专家、推荐人和阅读教练相遇，他们是优质思想的发源地；
- 你会与优秀的读者和终身学习者为伍，他们对阅读和学习有着持久的热情和源源不绝的内驱力。

从单一到复合，从知道到精通，从理解到创造，湛庐希望建立一个“与最聪明的人共同进化”的社区，成为人类先进思想交汇的聚集地，共同迎接未来。

与此同时，我们希望能够重新定义你的学习场景，让你随时随地收获有内容、有价值的思想，通过阅读实现终身学习。这是我们的使命和价值。

湛庐文化 Cheers Publishing a mindstyle business 与思想有关

湛庐阅读APP玩转指南

湛庐阅读APP结构图：

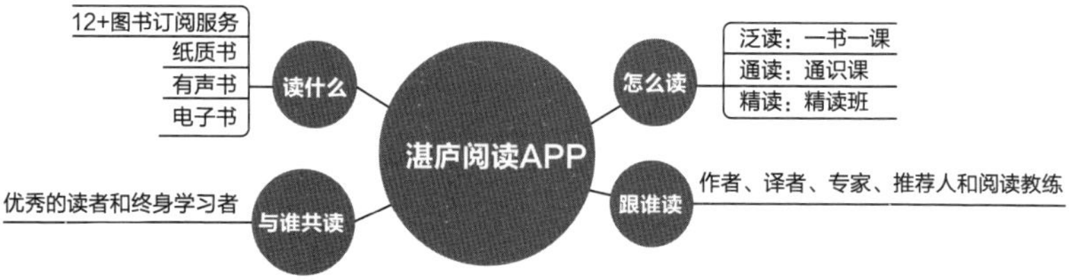

三步玩转湛庐阅读APP：

读一读 ▾

湛庐纸书一站买，
全年好书打包订

听一听 ▾

泛读、通读、精读，
选取适合你的阅读方式

扫一扫 ▾

买书、听书、讲书、
拆书服务，一键获取

APP获取方式：

安卓用户前往各大应用市场、苹果用户前往APP Store
直接下载“湛庐阅读”APP，与最聪明的人共同进化！

使用APP扫一扫功能，
遇见书里书外更大的世界！

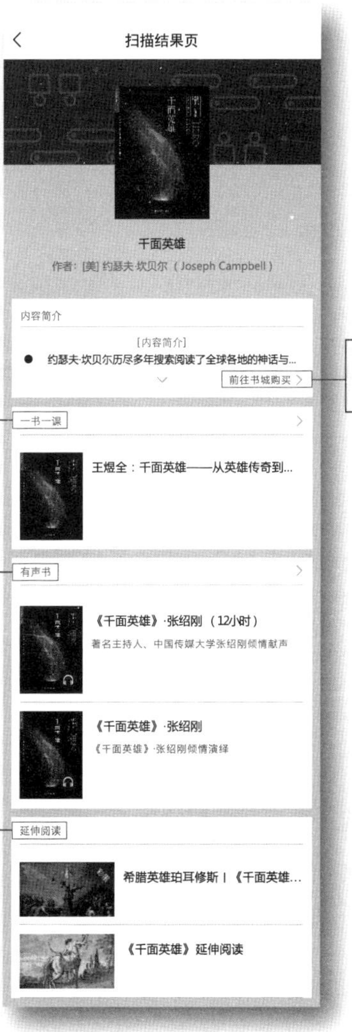

快速了解本书内容，
湛庐千册图书一键购买！

大咖优质课、
献声朗读全本一键了解，
为你读书、讲书、拆书！

你想知道的彩蛋
和本书更多知识、资讯，
尽在延伸阅读！

湛庐文化 Cheers Publishing
a mindstyle business 与思想有关

延伸阅读

《认知盈余》

◎ 腾讯掌门人马化腾首度亲笔作序，克莱·舍基继《未来是湿的》之后最新力作！

◎《未来是湿的》预言了“无组织的组织力量”，《认知盈余》将开启“无组织的时间力量”。

使用“湛庐阅读”APP，“扫一扫”获取本书更多精彩内容

ISBN 978-7-300-14812-0

《人人时代》（经典版）

◎“互联网革命最伟大的思考者”克莱·舍基作品《未来是湿的》经典版。

◎ 互联时代里程碑式著作、全球思想家正在读的 20 本书之一、《商业周刊》最佳商业书籍。

使用“湛庐阅读”APP，“扫一扫”获取本书更多精彩内容

ISBN 978-7-213-06721-1

《全球风口》

◎ 著名风险投资家、中国创新趋势的推动者王煜全与北京大学国家发展研究院教授、中国创新理论的先行者薛兆丰强强联手、合力大作！

◎ 黄亚生、张醒生、陈文光、梁春晓、李善友、吕本富、马旗戟、段永朝、王江、吴声、陈伟鸿、姜奇平等联袂推荐。

使用“湛庐阅读”APP，“扫一扫”获取本书更多精彩内容

ISBN 978-7-213-07062-4

《共享经济：重构未来商业新模式》

◎ 共享经济时代扛鼎制作，优客工厂创始人毛大庆领衔，滴滴出行、途家、万能钥匙联袂推荐。

◎ 读懂共享经济，你只需要这一本书。

使用“湛庐阅读”APP，“扫一扫”获取本书更多精彩内容

ISBN 978-7-213-06785-3

Little Rice: Smartphones, Xiaomi, and the Chinese Dream

First published in the United States by Columbia Global Reports

图书在版编目（CIP）数据

小米之道 /（美）舍基著；张琪译 . — 杭州：浙江人民出版社，2017. 10

ISBN 978-7-213-08335-8

Ⅰ. 小… Ⅱ. ①舍… ②张… Ⅲ. ①移动通信 – 电子工业 – 工业企业管理 – 经验 – 中国 Ⅳ. ① F426.63

中国版本图书馆 CIP 数据核字（2017）第 189247 号

浙江省版权局
著作权合同登记章
图字：11-2017-217 号

上架指导：企业管理 / 网络经济

小米之道

[美] 克莱·舍基 著
张 琪 译

出版发行：浙江人民出版社（杭州体育场路 347 号 邮编 310006）
市场部电话：（0571）85061682 85176516
集团网址：浙江出版联合集团 http://www.zjcb.com
责任编辑：蔡玲平 尚 婧
责任校对：陈 春
印 刷：河北鹏润印刷有限公司
开 本：880 毫米 ×1230 毫米 1/32 印 张：6.25
字 数：76 千字 插 页：1
版 次：2017 年 10 月第 1 版 印 次：2017 年 10 月第 1 次印刷
书 号：ISBN 978-7-213-08335-8
定 价：49.90 元